台湾侵攻に巻き込まれる日本

Shigeru Handa
半田滋

はじめに

台湾有事は起きるだろうか。さまざまな推論が語られている。

「中国が台湾を武力侵攻するはずがない」「仮に起きても米国が参戦することはない」「いやいや、米国は自国の国益のために必ず参戦する」

ロシアのウクライナ侵攻をその1年前に言い当てた人がいないのと同様に台湾有事の勃発を言い当てるのは難しい。何も起こらないことを確実に予測できるはずもない。

台湾有事の発生は、米国による必要以上の台湾への接近に対し、中国が我慢の限界を超える、中国の習近平国家主席が4期目の国家主席を確実にするために踏み切る、そして中国による台湾の武力侵攻に対抗して米国が参戦する、などの要因が考えられるが、いずれにしても米国と中国の出方にかかっている。

世界第1位と第2位の軍事大国、経済大国であり、核保有国でもある米中の戦争は悪夢でしかない。ただ、両国が互いの領土を攻撃することなく、台湾およびその周辺、つまり日本を戦場とする戦い方があり得るのではないか。米国のシンクタンク「戦略国際問題研究所（CSI

S)」のシミュレーションはその可能性を示唆している。
日本が戦場となる分岐点は、米軍が日本の基地を自由使用できるか否かにある。米本土や基地が集中するハワイと台湾との間には広大な太平洋があり、米国の不利は否めない。米軍の参戦には日本からの出撃が欠かせず、中国にとってみれば、米軍が日本の基地を自由使用するのを許したまま台湾を統一するのは不可能に近い。日本列島が攻撃対象となるのは当たり前の話である。

その場合、日本は壊滅的被害を受ける。かといって、米軍による戦闘作戦行動のための基地利用に日本政府が反対し、そのしっぺ返しとなる米国からの「見捨てられ」を甘受できるのか。壊滅的被害も、「見捨てられ」も選択したくないならば、台湾有事が起きないよう最大限の努力をするほかない。

元首相の麻生太郎自民党副総裁が台湾へ行き、「戦う覚悟だ」といった。この言葉に象徴される政治の変質に日本を壊滅に追い込みかねない病弊が潜むことに目を向けなければならない。日本は憲法の規定から国外で起きる戦争に参戦できない。なぜ「戦う覚悟だ」といえたのか。

安倍晋三政権で制定された安全保障関連法は、海外における武力行使を意味する集団的自衛権行使を解禁した。日本国憲法に基づく「専守防衛」とは、海外で武力行使をしないことはもちろん、例え自国が侵略された場合であっても必要最小限度の武力しか行使しないことをいう。その規範が安全保障関連法によってちゃぶ台返しされた。法律が憲法を覆す「法の下克上」である。

岸田文雄政権における「敵基地攻撃能力の保有」は法律でさえなく、閣議決定にすぎない。たった20人の閣僚が他国に脅威を与えるような戦力は持てないとする憲法の既定を空文化させた。防衛費を倍増させ、目指すのは安倍政権から続く米国製兵器の「爆買い」を続けることと、国内の防衛産業に対する過剰なまでの「手配り」である。

近代的な兵器を保有し、よく訓練された約23万人の隊員を抱える自衛隊は70年にわたり、防御力に磨きをかけてきた文字通り自衛のための組織である。憲法解釈をねじ曲げて防御から攻撃へとその役割を変え、防衛費を倍増すれば、日本は安全になるのか。台湾有事に備える「米国の手下」として便利に使われるだけではないのか。そんな理不尽さに日本の指導層が気づき、軌道修正を図ることは期待できそうもなく、日本の未来に明るい希望を見いだすのは難しい。

筆者は折に触れて、国会の委員会で参考人として意見を述べてきた。野党の求めに応じて安全保障政策について解説するため衆院、参院の議員会館へも行った。残念ながら最大野党、立憲民主党の反応は鈍い。憲法違反が疑われる自衛隊の活動や見通される将来の危険について警鐘を鳴らしても、「もうここまで来ているのだから」という諦観が感じられる。

誤った道であっても進んで来たので現在地から将来を考えたいという後ろ向きの姿勢を隠そ

うとしない。やった者勝ち、いった者勝ちの風潮こそ、現代にはびこる日本病である。低下する一方の投票率は、野党のやる気のなさを反映していると反省し、次の一手を打ち出すべきなのにその気概がない。内閣支持率が低迷を続ける岸田政権への対抗軸が示せないのは、内向きの論理に閉じこもっていることと無関係ではない。

政府・自民党は長い時間をかけて、わたしたちに固定観念を植えつけてきた。

「北朝鮮がミサイルを発射した」「尖閣諸島に中国海警局の公船が侵入した」

明日にも日本が武力侵攻されるかのような政府発表を垂れ流す公共放送のNHK。民放は総務省による停波処分を恐れて、正面から政治を取り上げない。巷では抑制的な意見を述べる人に対して「北朝鮮や中国が攻めてきたらどうする!」といった過激な言葉が正論のように投げつけられる。

ナチスドイツ指導者の一人、ヘルマン・ゲーリングは「国民にむかって、われわれは攻撃されかかっているのだと煽り、平和主義者に対しては、愛国心が欠けていると非難すればよいのです。このやり方はどんな国でも有効ですよ」といった。現代の日本に恐ろしいほど当てはまる。

この国を愛し、自分自身や親しい人たちの安全を願う人々にとって重要なのは事実を学び、進むべき道筋を見つけ出すことである。本書は、まず第一次安倍政権、そして7年8か月の長きに及んだ第二次安倍政権の足跡を振り返り、論評している。

筆者が戦争四法と呼ぶ安倍政権で制定された特定秘密保護法、安全保障関連法、「共謀罪」法、菅義偉政権でつくられた土地取引規制法の意味と弊害についても解説した。そして安倍政治を引き継ぐ岸田首相が閣議決定した「敵基地攻撃能力の保有」「防衛費の対ＧＤＰ比２％」の意味と本当の狙いについて詳述している。

岸田政権で保有が決まった敵基地攻撃能力とは、日本を安全にする護摩札では決してない。前述した通り、自衛隊のあり方を防御から攻撃に変える事実上の憲法解釈の変更が盛り込まれた違憲の閣議決定である。

抑止力とは軍事力において相手国より強力でなければならないが、日本の6倍を超える国防費を計上し続け、ハード、ソフト両面で軍事力を強化してきた中国が日本の中途半端な攻撃力によって抑止されるはずがない。

北朝鮮の保有する変則軌道を飛翔するミサイルは日米の技術では迎撃が困難であるうえ、大半が地下化されたミサイル基地の攻略に米国から大量に購入するミサイルやこれから国産化するミサイルが有効であるとは思えない。

敵の基地がどこにあるのか「専守防衛」の自衛隊は知る術さえなく、解禁された攻撃能力保有は日米一体化の推進装置に都合よく置き換えられた。

そもそも中国、北朝鮮は日本を攻撃するだろうか。両国の関心はもっぱら米国の出方にある。日本など眼中になく、せいぜい米国の補完勢力とみているにすぎない。

すると敵基地攻撃能力は何のために持つのだろう。安全保障関連法で米国の戦争へ参加する窓口が開いた。しかし、短射程ミサイルや防御的兵器が目立つ自衛隊は米軍の足手まといになりかねない。長射程ミサイルを保有すれば、米軍の高い攻撃力に近づき、「米軍の手下」として米国の役に立つことができる。また空母化された「いずも」型護衛艦は米軍機を搭載する日米共同運用を可能にする。

およそ日本防衛とは無縁のところで安全保障政策が機能することになるのが、敵基地攻撃能力の保有であり、米国に巨額のカネを支払うことになる防衛費の対GDP比2％なのだ。戦争に反対しようとすると「知る権利」を奪った特定秘密保護法によって情報が絞り込まれ、住民監視を可能にして「基本的人権」を抑圧する「共謀罪」法、土地取引規制法によって人々の自由な言動や活動が制約される。

ウクライナ侵攻後のロシアが法律を改正して情報統制に走り、国民の口封じをしたのと同じ事態がこの日本で静かに進行している。

事実をまず知るところから始めていきたい。この本には、台湾有事に巻き込まれれば、最初に戦場になりかねない与那国島のルポを皮切りに、さまざまな事実とその解釈が満載されている。

（文中の肩書はいずれも当時）

もくじ

第3章　防衛費対GDP比2％の正体……97

第4章　安倍政治を継承する岸田首相……137

第1章　台湾有事に備えて

ルポ「要塞化」する与那国島 ① 財務相が突然、来島した理由

２０２３年9月6日午前10時5分、新石垣空港を離陸した琉球エアーコミューター７４１便は30分の飛行で与那国空港に着陸した。乗っていたＶＩＰは鈴木俊一財務相。着陸とともに数人のＳＰが現れ、出発待ちの乗客らは「誰が来たの？」と視線を向けた。

沖縄のかりゆしウェアを着た鈴木氏を出迎えたのは陸上自衛隊与那国駐屯地の幹部。鈴木氏を乗せた公用車は空港から10分程度のところにある駐屯地へ向かった。

政府財政を預かる財務相の与那国訪問は突然だった。前日午前にあった閣議に出た後、財務省の記者クラブで定例会見をこなし、羽田空港14時15分発の日航機に乗り込んで新石垣空港へ向かった。到着すると税務署などを視察し、市役所を訪問して中山義隆市長と10分ほどの短い会話を交わした。

石垣市での日程が少なかったのは、主目的が与那国訪問にあったからだ。鈴木氏が与那国を訪れた事実を伝えたのは地元紙にとどまり、中央の新聞・テレビはまったく報じていない。お忍びだったのだ。

与那国島は日本最西端にある。東京からは那覇空港や新石垣空港を経由する必要があり、飛行機の移動だけで4時間半かかる。一軒あったホテルは新型コロナの影響で休業中。民宿に泊

まるしかないが、自衛隊関連の公共事業バブルで作業員の長期滞在による満室が続き、財務相といえども石垣市に前泊するほかなかった。

与那国島の名前が知られるようになったのはドラマ「Dr.コトー診療所」のロケ地となってからだ。岩が隆起してできた島の起伏は激しいものの外周は約28キロメートルしかなく、車なら30分ほどで一周できる。台湾との距離は111キロメートルと近く、よく晴れた日には海の向こうに巨大な島影が見える。

筆者が与那国を訪れたのは鈴木財務相の訪問から3日遅い9月9日。正午過ぎ、集落に設置されたスピーカーから「国民保護計画に基づく島外避難に関わる意見交換会を行います」との町内放送が流れた。住民は「台湾有事に巻き込まれる」というぶっそうな気分を南西諸島のどの離島よりも強く感じている。

与那国入りした鈴木氏が町役場に現れたのは午後2時ごろ。2時間以上、駐屯地に滞在したことになる。財務相が現地を視察するのは、年度予算の執行ぶりや次年度に計上が予定される予算案の妥当性を確認するためだ。

防衛省は23年度防衛費に与那国駐屯地に隣接する18ヘクタールの用地買収費を計上した。金額は「用地交渉に支障を及ぼす」として明らかにしていない。用地取得後には地対空ミサイルとその運用部隊が配備される。こうした計画について、鈴木氏が説明を受けたのは間違いない。だが、それだけのために与那国に来たのか。

「町にはカタブル浜より西にある樽舞湿原を掘り起こして奥行き1・2キロメートル、幅300メートルの『比川港湾』を新設する計画がある。実現すれば地対空ミサイル部隊や与那国駐屯地と一体化した軍港になる。そのための視察ではないか」

そう推測するのは、自衛隊配備に反対してきた田里千代基町議だ。樽舞湿原は、南西諸島のうち大東諸島を除く琉球列島の中でも多くの生物が生息する最大級の湿原で、環境省から重要湿地に選定されている。町は、観光や教育の資源ともなる貴重な自然をつぶして港湾にしようというのだ。

旗振り役は糸数健一町長その人である。糸数氏は22年9月に上京して「比川港湾」新設と与那国空港の滑走路を500メートル延長して2500メートルとする案をまとめた要請書を自民党の萩生田光一政調会長と高市早苗経済安全保障担当相に手渡した。23年7月、与那国島を訪れた松野博一官房長官にも同じ要請書を提出している。

要請書は、台湾有事に備えて全島民を避難させる必要があり、滑走路を延長することで輸送力を強化したいと訴え、また島には北側の祖納港湾しかなく、冬季のフェリー運航が確保できないとして南側に位置する「比川港湾」の新設を求めている。

要請書の文面通りに受け取る住民はまずいない。滑走路の延長は戦闘機の離発着に必要だからだと疑い、駐屯地に近い「比川港湾」は軍港として活用するためと見透かしている。

島の空港、港湾とも管理者は沖縄県なので延長や新設は県の事業となる。このため糸数氏は

「比川港湾」の建設予定地の樽舞湿原を指す田里千代基・与那国町議
（筆者撮影）

23年4月、沖縄県庁を訪れ、要請書を提出したが、県幹部は滑走路延長について「需要がない」と指摘、比川港湾の整備は「人流・物流の将来的な予測も判断材料。自然環境への影響もある。実現は難しい」とゼロ回答をした。

「町長が萩生田氏や松野氏に直接、会って訴えたのは、自民党や政府の有力者を通じて、県の頭越しに進めようとする思惑があるからだと思う。国民保護を大義名分に国の事業として行われる可能性がある」と田里氏。

田里氏のいう通り、岸田文雄政権が22年12月に閣議決定した安全保障関連3文書のうち国家安全保障政策には「国民保護のための体制強化」として「南西地域を含む住民の迅速な避難を実現すべ

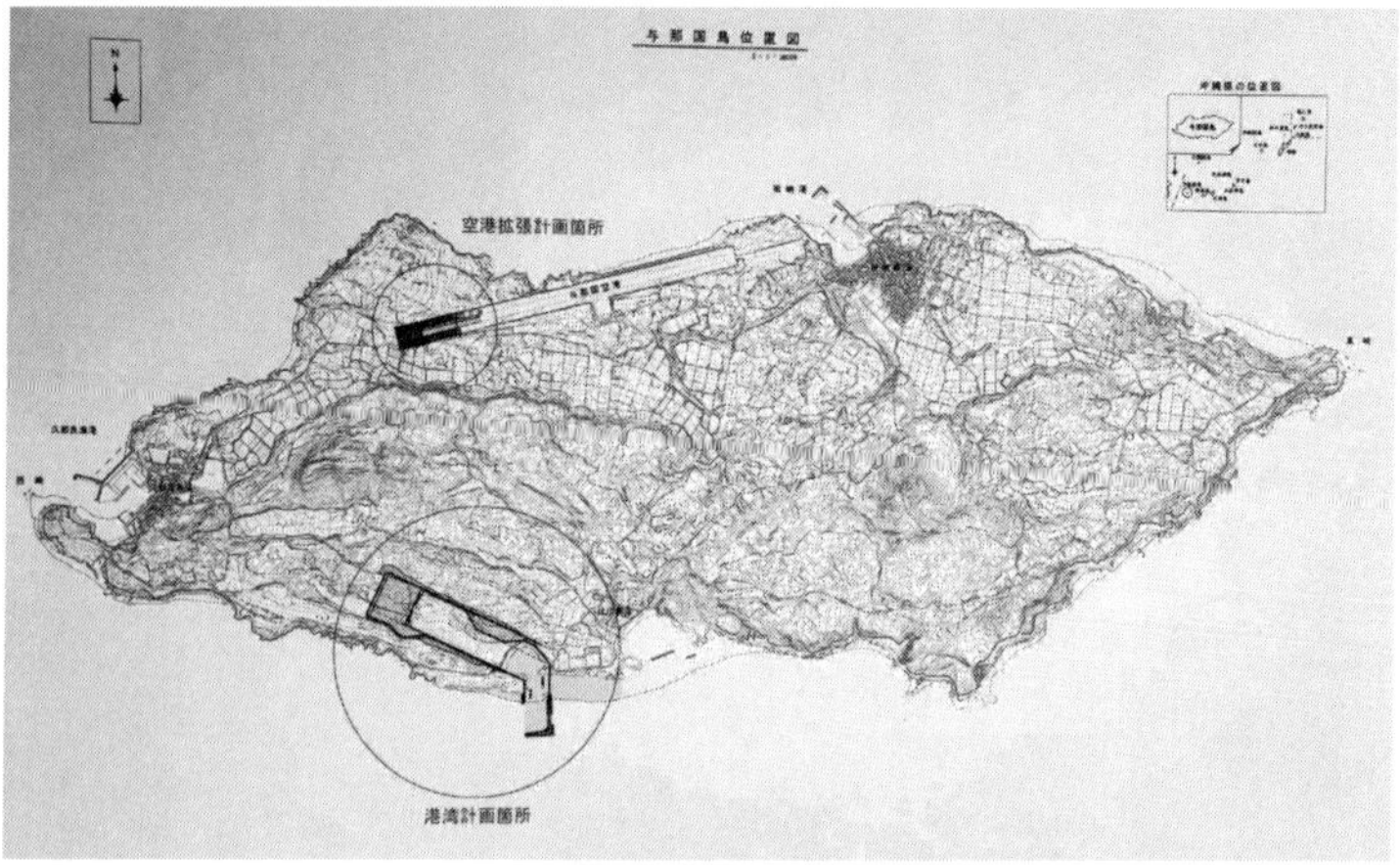

糸数健一与那国町長が政府に要請した
「比川港湾」新設と滑走路延長の図面

く（略）空港・港湾等の公共インフラの整備と利用調整を行う」とある。国民保護との理由があれば、国が空港・港湾を直接整備できると読める。

防衛省は24年度防衛費概算要求で南西地域へ機動展開する「自衛隊海上輸送群」を創設し、機動舟艇3隻を173億円投じて建造する。また325億円を計上し、借り上げている民間船舶を4隻に倍増させて海上輸送力を大幅に強化する。当然ながら、艦船が寄港できる港湾の整備は欠かせない。

鈴木財務相の与那国訪問は「比川港湾」の可能性を探ることにあったのではないのか。糸数町長が政府の考えを「地元の要望」に置き換え、政府が実現を模索するというシナリオが作られ、役者たちが演じ始めたといえないだろうか。

仮に「比川港湾」が整備されると町有地を借りて運営している農業生産法人「南牧場」へ向かう

道路が断ち切られ、袋小路になる。トラブルに発展しかねない事態だが、南牧場を経営する社員7人のうちの一人が酪農家でもある糸数町長なのだ。港湾整備を提言している以上、この問題は当然、折り込み済みだろう。

現在の与那国駐屯地は、南牧場のうち21・4ヘクタールを国が町から借り上げ、年間1500万円の借料を支払う契約となっている。その前に防衛省は南牧場に対し、町との契約解除費として1億1000万円を提示したものの、牧場側に拒否され、いきなり2億4000万円まで引き上げた。算定基準などあってないような大盤振る舞いの裏に工事を急ぎたい防衛省の思惑がみえる。

「比川港湾」が整備されれば、南西部一帯が自衛隊用地となる。海上自衛隊の輸送艦や民間輸送船が寄港できる本格的な港湾を備えた駐屯地は本土を見渡しても前例がない。敷地には地対空ミサイルまで配備される「要塞の島」。町と政府の二人三脚が始まろうとしている。

②自衛隊隊誘致の「誤算」

町長として自衛隊を誘致した外間守吉前町長は急浮上した地対空ミサイルの配備に対し、「それはないんじゃないか」と周囲にぼやいているという。「誤算だった」。外間氏や自衛隊誘致を進めた人たちの間でそんな思いが広がっている。

与那国島はかつて台湾との交易で栄えたものの、戦後、沖縄を占領した米軍が国境管理を厳しくすると交易は途絶え、島は衰退した。町は台湾との交流による「島おこし」を計画、2005年と06年、台湾との航路開設を盛り込んだ「国境交流特区」を国に申請したが、規制の壁に阻まれ、門前払いされた。台湾の花蓮市に開設した連絡事務所の町職員も現在はいない。

次に目を付けたのが自衛隊誘致だ。08年1月、自衛隊の民間応援団ともいえる与那国防衛協会が設立され、同年9月、町と町議会に514人の自衛隊誘致を求める署名簿を提出、町議会は賛成多数で自衛隊誘致決議案を可決させた。翌09年6月には外間町長が上京し、浜田靖一防衛相に「陸上自衛隊」を特定して配備を求める文書を提出した。

なぜピンポイントで陸上自衛隊を指名したのか。

沖縄の本土復帰は1972年。沖縄本島へは復帰に合わせて陸海空自衛隊が配備されたが、本島以南の先島諸島には宮古島のレーダー基地以外に自衛隊基地はなかった。冷戦が終わり、ソ連の脅威が消えると陸上自衛隊は2005年から中国による九州・沖縄への侵攻を想定した南方転地演習を開始する。前後して先島諸島への部隊配備の検討を始めたが、地元に働きかけるには、何らかのきっかけが必要だった。

与那国島は面積が狭いうえ、山が多く、実戦部隊は置きにくい。中国や台湾に近い地理的特性から、北海道の稚内と礼文島にある第301沿岸監視隊、また標津の第302沿岸監視隊のような航空機や艦艇を監視するレーダーの設置が最適となった。沿岸監視隊はいずれも陸上自衛隊の隷下にある。趣旨を理解した外間氏は「陸上自衛隊の誘致」を防衛相に伝え、この「地元からの要望」が配備を進める号砲となった。

だが、住民の総意ではない。島は賛成、反対で二分され、自衛隊配備の是非をめぐる住民投票は15年2月に行われ、賛成632票、反対445票と賛成が反対を上回った。この時点で着工から10か月経過しており、配備が既成事実化した中での住民投票だった。

陸上自衛隊与那国駐屯地は体育館も運動場も未完成のまま、16年3月に産声を上げた。隊員約160人と家族が移り住み、開設前の島人口1490人が1年後には1726人に増えた。隊員家族住宅は祖納、久部良、比川の3集落すべてに建設され、子供を伴う家族連れの隊員が居住したことで、3校ある小学校のうち与那国小は複数学年の児童が1つのクラスで教育を受ける複式学級が解消された。

配備されたのは当初の計画通り、沿岸監視隊だったが、22年には航空自衛隊の移動警戒管制レーダーの運用部隊も与那国駐屯地に常駐を始め、隊員数は約170人に増加。23年度予算で敵の妨害電波を無力化する電子戦部隊の配備が決まり、隊員数は約210人に増えることになった。

これで島人口は約2110人となり、これに赴任する隊員の家族を加えるとさらに増える。2000人台を回復するのは1980年代以来だが、手放しで喜べる話ではない。

若い隊員とその家族が増えたことにより、島に変化が生まれた。駐屯地では地元に溶け込むよう推奨しているので隊員らは地域の行事には積極的に参加する。島の体育大会で上位入賞するのは体力に優れた隊員ばかり。住民の親睦を深めるための行事は、競争に変わった。

隊員は定期異動により、2年程度で島を離れるので地域社会の風習や伝統文化が継承されることもない。同じ家系や昔からの知り合いで構成された島のコミュニティが崩れ始めたのだ。

陸上自衛隊沿岸監視隊と電子戦部隊のアンテナ群（与那国島で、筆者撮影）

15年の住民投票で生まれた「しこり」は解消しておらず、島の空気を微妙なものにしている。新たな対立を避けようと自衛隊について無関心を装う住民が増え、結果的に政府のやりたい放題がまかり通る事態となっている。

22年11月、日米共同演習「キーン・ソード」が行われ、米海兵隊約40人が初めて与那国にやって来た。航空自衛隊の輸送機で運ばれた陸上自衛隊の機動戦闘車が公道を走って与那国駐屯地に入った。自衛隊車両の高機動車がパトカーのように島中を巡るのが日常の風景になった。

大阪から移住して2年半という作陶家の植埜貴子さんは「国があおるので、きな臭い雰囲気が漂い始めている。わたしたちは右往左往するばかり。元からの住民は分断を恐れて声を上げてくれない」という。

41年前に移住した同じ作陶家の山口京子さんは「さっさと島から出て行けということでしょう。町が住民を島から避難させるための基金をつくるなんて普通じゃない」と話す。基金は「危機事象対策基金」で、22年9月の町議会で制定された。糸数町長は「万が一、危険を感じた場合は島から脱出してくれという意味での給付金。確実に何とか生き延びてくれとの思いだ」と説明、台湾有事を想定したものだと強調した。

③ 分断されて「自衛隊の島」になる

台湾有事を想定した政府の方策は矢継ぎ早に打ち出され、2023年5月、自衛隊ミサイル部隊の配備計画をめぐる初の住民説明会が開かれた。政府は「敵基地攻撃能力の保有」を閣議決定しており、住民から「長射程ミサイルが配備されれば攻撃対象になる」と不安を訴える声が出た。

防衛省側は「島を守るための装備。反撃能力（敵基地攻撃能力）にはならない」と鎮静化に努めた。防衛省の説明通り、配備が計画されている03式地対空ミサイル（中ＳＡＭ）は防御用の兵器なので敵基地攻撃には転用できない。

その意味では23年3月に開設された石垣駐屯地や19年開設の奄美（鹿児島県）、宮古両駐屯地の12式地対艦ミサイルとは違う。政府は12式の射程を延ばした能力向上型について「配備先未定」としているが、そんなはずはない。射程１０００キロメートル強とされるので、九州や南西諸島に配備しなければ中国まで届かない。住民が「攻撃的兵器を置けば狙われる」と心配するのは当然だろう。

では、与那国島は安全なのか。沿岸監視隊の任務は中国軍艦艇や航空機の活動を監視すること。航空自衛隊の移動警戒管制レーダーも常駐し、次には電子戦部隊が置かれる「情報収集の最前線」である。現代戦は情報収集とその収集手段の破壊といういたちごっこでもある。有事になれば、真っ先に攻撃されるのが情報収集施設だから、防衛省は攻撃に対抗する目的で中ＳＡＭ配備を決めた。

問題は中ＳＡＭという兵器の性質ではない。与那国という島が攻撃対象となったことの重大性である。与那国駐屯地が開設され、攻撃対象となった以上、次善の策として対空ミサイルを配備するに過ぎない。

本土から04年に移住し、久部良でカフェを営む猪股哲さんは「都会に生活していると一人ひとりの存在感は薄いけど、与那国なら自分を生かせる気がする」と人口の少ない島の利点を挙げる。だが、「今は失望している」といい、「全島避難なんて正気の沙汰ではない。介護を受けている人やヘルパーが一緒に避難できるのか、避難先の生活はどうなるのか。そんな事態になる前になぜ、政府は全力で外交をやろうとしないのか」と憤る。

猪股さんのカフェは観光客に人気だが、隊員やその家族が来ることはない。その一方で隊員らが押し寄せ、連日、満員の居酒屋もある。9月9日は与那国駐屯地の隊員と住民がふれ合う「駐屯地夏祭り」が開かれ、事前に告知のポスターが配られたが、猪股さんのカフェには届かなかった。

自衛隊配備をめぐり住民は二分された
「いい加減、融和しよう」と話す猪股哲氏
（与那国島で、筆者撮影）

「住民投票から8年も経過した。もういい加減、融和しようと考えないのか。島は自衛隊によって潤う人と排除される人に二分されたままだ。たまらず島を出て行く人もいる。自衛隊は島の分断を狙っているのだから、住民が声を上げなければ何も変わらない」

与那国町役場は04年以降、毎年、住民の0・5％が死亡や離島で減っているという。その一方で隊員とその家族は増え続ける。猪股さんが試算したところ、新たにやって来る地対空ミサイル部隊の隊員とその家族を合計すると25年には６２４人となり、島人口の31・３％を占めるまでになる。実に10人に３人が自衛隊関係者だ。

95％前後と投票率の高い与那国にあって、隊員らの投票率も高いから「自衛隊の意向」が各種選挙に反映される可能性はますます濃厚になる。まさに「ひさしを貸して母屋を取られる」事態だ。

政府は23年９月、与那国島が国境離島であることを理由に駐屯地に近い集落の久部良とアンテナ群が立つ比川とその周辺を土地取引規制法にもとづく「特別注視区域」の候補地に指定した。指定を免れた集落は祖納のみで、島の約３分の１という広い範囲が該当した。その祖納も「注視区域」には指定された。実に島面積の半分が国の監視と調査の対象範囲だ。ほぼすべての住民に対する監視が始まり、土地や建物の売買には首相への届け出が必要になる。そんな息苦しい変化を歓迎する人などいない。

いいなりにならない住民は早く島を出て行ってもらいたい、政府はそう考えているのではないか。

南西諸島にシェルター設置へ

戦争が始まったらシェルター（避難施設）へ逃げて——。内閣官房は2024年度予算の概算要求に有事の際に住民が避難できるシェルターの整備のための調査・設計費1億2000万円を計上した。台湾有事を念頭に、沖縄県の石垣島や宮古島、与那国島などの南西諸島を中心にシェルターの早期整備を図るという。

「備えあれば憂いなし」とはいうものの、「備え」とは避難施設をつくり、そこへ逃げ込むことだろうか。外交努力を尽くし、戦争に発展させないこと、あるいは日本が他国の戦争に巻き込まれないようにすることこそが「備え」の核心でなければならない。しかし、政府も離島の首長も表層的な施策にすぎないシェルター設置に血道を挙げている。

「沖縄・南西諸島に避難シェルター　政府検討、台湾有事を想定」。22年9月16日、沖縄の地元紙「沖縄タイムス」と「琉球新報」は共同通信が配信した記事を1面で報じた。

記事は、台湾有事に備えて離島住民が身を隠せる施設が必要だが、不足しているのでシェルターの設置を検討していると複数の政府関係者が明らかにしたとある。シェルター整備の候補地として、石垣市など複数の自治体が挙がり、地上設置型や地下埋設型の防空施設をつくる案が検討されているという。

この記事から「複数の政府関係者」が台湾有事に日本が巻き込まれ、南西諸島が戦場になるとの認識でいることがわかる。その考えは離島の首長も変わりない。

記事に先立つ同年7月7日、石垣市の中山義隆市長、竹富町の前泊正人町長、与那国町の糸数健一町長の3人が沖縄県庁を訪れ、有事の際の住民避難の支援やシェルター整備を図るよう県に要請した。つまり政府のシェルター設置の検討は、離島側の要望と合致している。

政府と地方自治体の考えが一致した結果、政府は22年12月に閣議決定した安全保障関連3文書のうちの国家安全保障戦略の中に南西地域を含む住民の「避難計画の速やかな策定」と「様々な種類の避難施設の確保」を盛り込んだ。23年6月に策定された「経済財政運営の指針（骨太の方針）」にも「避難施設の確保」が明記された。

内閣府の国民保護ポータルサイトによると、日本が武力攻撃を受けた際などに住民が避難するための「避難施設＝シェルター」は22年4月時点で全国に9万4424か所あり、このうち弾道ミサイルの着弾による被害を軽減できるコンクリート造りの頑丈な施設や地下施設の「緊急一時避難施設」は全国で5万2490か所あるという。

ただし、これらの施設は国民保護法にもとづき、都道府県知事が既存の建物を「避難施設」「緊急一時避難施設」と指定したに過ぎず、他国からの攻撃を想定して準備した専用シェルターではない。

沖縄県の場合、「避難施設」は学校、公民館、体育館など1295か所、「緊急一時避難施設」は935か所が指定されている。地下施設は沖縄本島に6か所あるが、離島はゼロだ。離島からの避難は、まず住民が「避難施設」に集まり、航空機や船舶で沖縄本島へ逃れ、場合によっては県外へ脱出することになっている。

離島の3首長がシェルター設置を提言した1年後の23年7月22日から24日にかけて松野博一官房長官が石垣、与那国、竹富の順で離島を回り、それぞれの首長と意見交換した。

石垣市の中山市長は松野氏に要請書を手渡した。地理的に近い台湾が中国からの武力攻撃を受けた場合にいや応なく巻き込まれる可能性が高いと指摘して、住民の生命・財産を守るため①シェルター施設や十分な食料備蓄の支援、②石垣空港の滑走路延長や駐機場拡充、港湾施設の機能強化——を求めた。

だが、精密なミサイルの撃ち合いから始まる現代戦は「地理的に近い」だけで戦争に巻き込まれることはない。そして中国が自国の内政問題と位置づける台湾統一をめぐり、外国である日本を攻撃して戦争に引きずり込む理由もない。

ただし、米国が参戦すれば話は別である。在日米軍専用施設の7割が集中する沖縄本島から出撃すれば、その基地が狙われて日本有事に発展する。米軍が損耗するだけでも安全保障関連法に基づく存立危機事態が認定されて自衛隊が参戦する可能性があり、やはり日本有事に発展する。

中山氏が要請書に盛り込んだ項目は、安全保障関連3文書の追認にほかならず、地元の要請があることを理由に政府は石垣島の戦場化を前提にした各種整備を進めやすくなる。石垣市からすれば、平時にも活用できるインフラの整備を政府のカネで進めることができるのだから、双方が利益を得ることになる。

そこに抜け落ちているのは住民保護の視点だ。シェルターの設置話はとんとん拍子で進んだが、国民保護法第150条は「政府は、武力攻撃災害から人の生命及び身体を保護するために必要な機能を備えた避難施設に関する調査及び研究を行うとともに、その整備の促進に努めなければならない」と定めている。シェルターの整備促進はもともと政府の役割なのだ。

だが、一時的な退避施設をつくることが住民の命を救う抜本的な解決策であるはずがない。ウクライナ侵攻をみてもわかる通り、戦争を始めるのは簡単だが、終わらせるのは困難を極める。閉ざされた空間のシェルターで長期間、過ごせるはずがない。そもそも島の人口に合わせた施設を建設することが可能だろうか。

石垣市の人口は約5万人、竹富町は約4300人、与那国町は約1700人、さらに宮古島市は約5万6000人、多良間村は約1100人の住民がいる。硬質な岩でできている琉球石灰岩は、手作業や機材での掘削が難しく、爆破が必要とされる。合計すれば約11万人が退避するシェルターの建設にどれほどの年月と費用がかかるだろう。

シェルター設置は住民に一時的な安心を与えるかもしれないが、政府が離島を戦場と想定していることの裏付けでもある。その冷酷さにこそ、目を向けなければならない。

台風２号が近づき、畳まれて建物の陰に移動したＰＡＣ３
（宮古島で、住民撮影）

政府のダブルスタンダード

浜田靖一防衛相は２０２３年４月22日、北朝鮮の人工衛星打ち上げに備えて破壊措置準備命令を出した。これを受けて自衛隊は東シナ海にイージス護衛艦を展開し、本土から石垣島や宮古島、与那国島に地対空迎撃システム「ＰＡＣ３」を配備した。

北朝鮮から打ち上げて軌道に乗せようとすれば、必ず南西諸島上空を通過する。これに対し、政府は09年３月、12年３月、同年12月、13年４月、16年２月と過去５回、破壊措置命令や破壊措置準備命令を出した。

奇妙なのは、やはり南西諸島上空を通

過する韓国の人工衛星打ち上げには無反応なことだ。韓国のロケット技術は確立されておらず、ロシアのエンジン技術を使った人工衛星は09年には軌道に入れず、10年は飛行中に爆発、13年にようやく成功した。国産エンジンの人工衛星は21年に失敗し、成功したのは22年6月になってからだ。国産エンジンを使って二度目の打ち上げに成功したのは23年5月だった。

弾道ミサイルの発射技術と人工衛星の打ち上げ技術は、ほぼ同じとされる。1990年代からミサイル開発を続ける北朝鮮の技術の方がミサイル・ロケット技術では韓国より進んでいるということができる。そして落下の危険は北朝鮮のミサイルであれ、韓国のロケットであれ、変わりない。北朝鮮に対して毎回、破壊措置関連の命令を出す一方で、韓国に対しては沈黙するダブルスタンダード。韓国が衛星を打ち上げた事実さえ知らない人も多いのではないだろうか。

防衛省の狙いは当初、南西諸島への部隊配備に向けた「地ならし」にあった。すでに部隊配備が終了した現在は「危険な北朝鮮」のイメージを利用して、台湾有事をにらんで南西シフトを強化することにあるのだろう。

日本が狙われたわけでもないのに毎回、繰り返される大騒ぎ。ミサイル対処を防衛力強化の口実にする「焼け太り」である。警告を信じたり、信じるよう求められたりする人々と、その信頼を逆手に取る政府。これで良いはずがない。

すると想定外のことが起きた。北朝鮮が打ち上げを正式に予告したのを受けて浜田防衛相は

5月29日、「破壊措置準備命令」を「破壊措置命令」に格上げした。そこに台風2号が接近したのである。

いずれの島でもPAC3を避難させる事態となった。宮古駐屯地では発射機が畳まれて建物の横に避難している様子を住民が撮影している。強風で機材が転倒して受ける損害と島民の保護をてんびんにかけ、PAC3を守ることを優先すると決めて避難させたと考えるほかない。そして北朝鮮の衛星はPAC3が避難していた5月31日に打ち上げられた。

住民保護が不可欠ならば、強風の中でも迎撃態勢を取り続けたはずだ。政府自らがPAC3配備の必然性はないと証明したことになる。連続して出された破壊措置関係命令は、県民を守るためではなく、防衛力強化の口実だった疑いが濃厚になった。

衛星打ち上げ翌日の参院外交防衛委員会で浜田靖一防衛相は発射機を畳んだ理由を問われ、「説明するのは大変難しい」と苦しさをにじませ、「みなさんにご心配を掛けてしまったことに対しては大変申し訳ない」と陳謝したが、撤去した理由を説明しなかった。政府の「ご都合主義」がばれるような答弁などできるはずがない。

類似した事例が23年4月13日に出された全国瞬時警報システム（Jアラート）である。北朝鮮から発射されたミサイルが北海道に落下するとしてサイレンが鳴り、札幌市の通勤、通学客は地下鉄に避難したが、落下せず、うやむやになった。

防衛省は同月21日、北海道への落下が予測されたのは推進装置「ブースター」だった可能性があり、日本海に落ちたか、上空で消失したかは不明、弾頭部は日本海へ落下したとみられると発表した。発射から8日も経っての分析結果がこれだ。

「敵基地攻撃能力の保有」を閣議決定したのは22年暮れのこと。「相手国がミサイル発射に『着手』していれば攻撃できる」（1999年3月3日衆院安全保障委員会、野呂田芳成防衛庁長官）というのが政府見解だが、発射後のミサイルの行方さえわからないのに他国の領土で進められる発射前の動きを正確につかめるはずがない。

現に防衛省は北朝鮮のミサイルについて「その詳細な発射位置や発射のタイミングなどの兆候を事前に把握することは困難である」（2023年版防衛白書）と正直に告白している。

内閣官房の「国民保護ポータルサイト」には弾道ミサイル落下時の行動として「地面に伏せて頭部を守る」と大まじめに書かれている。上から落ちてくるミサイルに有効とは思えないが、政府は北朝鮮がミサイルを発射すると度々、Jアラートを鳴らす。

政府がJアラートを発出する基準は、①ミサイルが日本の領土・領海に落下する可能性がある場合、②または領土・領海の上空を通過する可能性がある場合という。だが、実際にはミサイルが通過した後に発出される不手際も珍しくない。

またミサイルは宇宙を飛んでいるので正確には「領土・領海の上空」ではない。領土・領海の上空は「領空」というが、空気がある地上から100キロメートル程度までが領空なので、はるか彼方の宇宙空間を飛ぶミサイルにJアラートを出すことに意味はない。

政府は北朝鮮のミサイルに備えて、全国の自治体には避難訓練を行うよう求めてきたが、18年6月、菅義偉官房長官は突然、訓練中止を発表した。初の米朝首脳会談があり、対話ムードに配慮したのだという。

翌19年、2回目の米朝首脳会談が不調に終わると、北朝鮮はミサイル発射を再開したが、政府はJアラートを鳴らすことなく、避難訓練の再開も求めなかった。「対話のための対話では意味がない」といっていた安倍首相が一転して「無条件で話し合う」と呼び掛けたため、北朝鮮を刺激するのは得策ではないと考えたからだ。

22年4月、政府は地方自治体に対し、避難訓練の公募をひっそり再開すると、複数の自治体が応じた。オオカミが来たと騒いで何度も人々を騙し、信用を失って羊を食べられてしまうというイソップ物語と違って、まんまと乗せられる自治体が何と多いことか。

訓練再開は、北朝鮮の脅威を強調して政府の考え通りに国民の意識を誘導する狙いが潜んではいないか。「脅威」とは時の政権の都合で高くもなり、低くもなる。

政府主催、離島からの避難訓練

沖縄には辛い記憶がある。太平洋戦争で唯一地上戦が行われ、日米合わせて約20万人が戦死した。うち約12万2000人が沖縄県民である。本土防衛のための捨て石とされた沖縄本島で持久戦が展開され、自然の洞窟であるガマに逃げ込んでいた住民が兵士に追い出され、戦場に追いやられる悲劇を生んだ。

政府がつくる現代のガマ＝シェルターを安心材料と考える人はどれほどいるだろう。むしろ戦争を始める免罪符とならないか不安を募らせてはいないだろうか。

実例がある。垂直離着陸輸送機「オスプレイ」などが配備された宜野湾市の米海兵隊普天間基地に隣接する普天間第二小学校の校庭には児童40人ほどが入れるコンクリート製のシェルターが2つある。米軍のヘリコプターから7・7キログラムあるドアが落下した後、政府が費用を出して建設した。

シェルターが完成すると米軍機が近づく度に発令されていた避難指示が解除された。米軍機は飛ばないよう求める地元の声を無視して以前と変りなく、校庭の真上を飛ぶ。児童が逃げ込む回数は1日4回もある。シェルターが危険な飛行を許す免罪符となっている。

シェルターは住民保護の切り札にはならない。危険な戦場からはいち早く離れる以外、安全を確保する方法はない。23年3月、政府は台湾有事を念頭に沖縄県の離島住民の避難方法を検証する初の図上訓練を実施した。沖縄県と石垣市、宮古島市、与那国町、竹富町、多良間村の5市町村が参加した。

計算の結果、住民約11万人と観光客約1万人を合計した約12万人を航空機や船舶を動員して九州まで退避するのに6日で完了することがわかったというが、沖縄県防災危機管理課の担当者は「問題は山積している」と指摘する。介護が必要な人の輸送方法、悪天候で欠航が出た場合の対応、避難先の自治体との連携など手つかずの項目は数多い。

例えば、宮古島市の住民保護計画をみると、避難に必要な航空機は363機、船舶は109隻とある。他の離島も同時に避難する場合、さらに大量の航空機や船舶を手配する必要がある。

戦場になるのは離島にとどまらない。米軍基地と自衛隊基地の集中する沖縄本島が攻撃対象になる可能性は高い。すると、沖縄県民146万人を避難させる必要が出てくる。3月に政府が実施した図上訓練の計算に当てはめると避難に必要な日数は73日間。戦争が迫り、あるいは戦争が始まって混乱する最中に人々を長期間、足止めさせられるはずがない。九州など本土へ移送できたとして、146万人もの人々をどこのどのような施設に収容するのか。

こう考えると政府は、「住民の犠牲やむなし」と判断していることがうっすらと見えてくる。積極的にシェルターを建設することで「万全を尽くした」と言い逃れる道筋を付けているとしか思えない。

04年に成立した国民保護法は有事の際の住民避難を地方自治体の役割と定めた。「必要があれば自衛隊の派遣を要請できる」（第15条）とあり、自衛隊法にも地方自治体から要請があれば「部隊等を派遣することができる」（第77条の4）とあるが、「できる」規定は義務ではない。戦争で忙しい自衛隊に依頼しても実効性は期待できない。

しかし、国民の生命を守ることは憲法第13条で規定された政府の責務である。シェルター建設は、本来、政府が負うべき国民保護の責任を地方自治体に押し付けたことに対する「お詫びの印」にしか見えない。

問題を解決する道はただひとつ、台湾有事が起きても決して巻き込まれないようにすることだ。戦争を回避以外にすべての国民が生き残る方策はない。

「台湾有事は日本有事」

岸田首相の政策決定に影響を与えていたのは、安倍晋三、岸田政権誕生にかかわった麻生太郎という二人の元首相であることは周知の事実だろう。

安倍氏は2022年2月、ロシアのウクライナ侵攻に関連してテレビ番組に出演し、米国の核兵器を自国に配備して共同運用する「核共有」政策を検討すべきだとの考えを示し、事実上、「非核三原則」の見直しを提言した。大国による武力侵攻に直面して舞い上がり、ここぞとばかりに自論を展開したのかもしれない。

その是非は別にして日本は米国の「核の傘」に入っているが、核共有となれば話は違ってくる。米ロ英仏中の5か国のみを核兵器国と定めた核拡散防止条約（ＮＰＴ）に違反するし、核の平和利用を規定した原子力基本法にも反する。何より、日本は戦争で唯一の被爆国として非核三原則（持たず、つくらず、持ち込ませず）という国是を掲げている。

つまり、日本は条約、法律、国是によって核兵器の保有を厳しく戒めているのだ。

安倍氏は北大西洋条約機構（ＮＡＴＯ）加盟国のドイツ、イタリアなど5か国が米国の核兵器を自国内に置いていることを例に「日本も」と主張するが、これらの核兵器は攻撃機から投下する旧式の爆弾型だ。

米大統領と英首相の認可がないと使用できないうえ、相手国の領空に侵入した時点で撃墜される可能性は高い。制空権を確保しているなら戦況は有利なわけで、核を使う必要はない。残るのは侵攻してくる敵に対し、自国内で爆発させるという悪夢だ。

ＮＡＴＯの核共有はＮＰＴの議論が始まるより前に始まって既成事実化し、しかもその事実を各国に伝えなかった。いわば脱法的な手法によって続いており、核共有している国名は正式には明かされていない。

仮に日本が核共有するとして、その核兵器は自衛隊のどの基地に置くのか。真っ先に攻撃されるおそれがある基地周辺の住民が配備を歓迎するはずがない。核保有国であってもフランスと英国は地上発射式の核ミサイルは1発も持っていない。広大な領土を持つ米国、ロシア、中国と違って配備先を探すのが困難だからだ。

日本が核配備すれば、中国、北朝鮮を刺激するばかりでなく、韓国などの警戒心を高め、安全になろうとしてかえって危険を呼び込む「安全保障のジレンマ」に陥りかねない。岸田文雄首相が国会で「政府として議論することは考えていない」と明言し、季節外れのお化けは姿を消した。

話を本筋に戻そう。安倍氏は20年9月の首相退任にあたって談話を出し、抑止力を強化する必要があるとして敵基地攻撃能力の保有を検討するよう後任の首相に申し送った。

敵基地攻撃については「言葉にこだわらない方がいい。軍事中枢を狙っていく。軍事をつかさどるインフラを破壊していく。基地である必要は全然ない」と述べ、攻撃対象をより広げるべきだと主張して、攻撃能力の保有を強く推奨した。

その安倍氏は台湾有事についても発言している。

21年12月にあった台湾に関するシンポジウムで「尖閣諸島や与那国島は、台湾から離れていない。（略）台湾有事は日本有事であり、日米同盟の有事でもある」と述べた。

安倍氏は、日本が台湾に近いことを理由に「台湾有事は日本有事」と決めつけている。しかし、現代の戦争では隣接する国で戦争が起きても巻き込まれなかった例は珍しくない。安倍氏の言葉を正確を言い換えるならば、台湾に近い沖縄には米軍基地が集中しており、米国が台湾有事に関わればその基地が攻撃されることで日本有事に発展する、といわなければならない。

一方、麻生太郎氏は21年7月、副総理兼財務相として講演し、「台湾で大きな問題が起きると、間違いなく『存立危機事態』に関係してくるといってもまったくおかしくない。日米で一緒に台湾を防衛しなければならない」と述べた。

蔡英文総統と記念写真に収まる麻生太郎自民党副総裁
(「中華民国総統府」のホームページより)

「存立危機事態」は集団的自衛権を行使できる安全保障関連法の要件のひとつであり、自衛隊法で「密接な関係にある他国に対する武力攻撃が発生し日本の存立が脅かされ、国民の権利が根底から覆される明白な危険がある事態」と規定されている。台湾は「密接な関係にある他国」だろうか。

1972年の日中国交正常化にあたり、日中両政府は共同声明に調印した。この日中共同声明の中で日本政府は「台湾を中国領土の一部」と主張する中国の立場を「十分理解し、尊重」するとした。半世紀後の今も日本政府の見解は変わっておらず、台湾を独立国とはみなしていない。

麻生氏が演説の中で台湾を独立国とみなし、「密接な関係にある他国」との前提に立って存立危機事態を主張するのは二重に間違っている。安全保障関連法案の審議当時も麻生氏は副総理兼財務相として法案をもっともよく知るべき立場にあった。そのような人物でさえ、十分に理解していないのだ。あるいは法律を誤読したフリをしているのかもしれない。

ただ、台湾有事に米国が参戦することになれば、法的根拠が生まれる。安全保障関連法に基づいて、日本の平和と安全に影響のある重要影響事態が認定され、参戦した米軍への後方支援が可能になる。

次の段階にあたる存立危機事態について、政府は「米軍が損耗すれば、存立危機事態になり得る」との見解を示しているので、自衛隊はただちに米軍とともに武器を持って戦うことになるだろう。そこに至れば確実に日本有事に発展する。

23年8月、台湾を訪問した麻生氏は台湾外交部主催の講演会で「今ほど日本、台湾、アメリカをはじめとした有志の国々に非常に強い抑止力を機能させる覚悟が求められている時代はないのではないか。戦う覚悟です。いざとなったら、台湾の防衛のために防衛力を使う」と述べた。

「戦う覚悟」は米国、台湾、日本が協力して対中抑止を強化するにとどまらず、いざとなった場合に日本が参戦するとの宣言である。この発言は台湾の蔡英文《ツァイインウェン》総統が大歓迎する一方、中国は「日本は誤った道に入ることになる」と怒りをもって批判した。

台湾の民間シンクタンク「台湾民意基金会」が22年3月に行った世論調査によると、「台湾有事に自衛隊が参戦すると思うか」との問いに「参戦する」との回答が43・1％に上り、「米軍が参戦する」の34・5％を上回った。日本への信頼度は極めて高いことがわかる。

24年1月に総統選挙を控え、蔡氏率いる民進党は米国とのパイプを強調する一方、日本の保守政治家や自衛隊OBを招いて盛んにシンポジウムを開き、日本との親密ぶりをアピールする。選挙を有利に運びたい現政権と中国を牽制したい日本の保守勢力が同床異夢の中で手を結ぶ。

安全保障関連法は正しく解釈し、運用したとしても、日本を戦争に引きずり込むおそれがある。それに加えて法解釈を飛び越えて「行け行け」で広がる強硬論。危険な徴候というほかない。

日本に急接近する台湾与党

台湾の国会議長に当たる立法院の游錫堃《ユーシークン》院長ら約80人の訪問団が2023年7月4日、クルーズ船をチャーターして与那国島を訪れた。上陸後、日本の国会議員でつくる日華議員懇談会の古屋圭司会長らと合流、午後には古屋氏らを連れて台湾へ戻った。

短い旅の目的は、親善交流などではなかった。

与那国島と台湾との距離は111キロメートル。与那国島と石垣島までは127キロメートルだから、与那国にとって台湾は最も近い島にあたる。かつて与那国町は台湾との航路開設を国に申請したが、規制の壁に阻まれ、門前払いされた。游氏は4日の昼食会で「定期船の開通を目指したい」と台湾側から就航させる考えを表明した。

台湾からの直行便は町にとって願ってもない話だが、焦点はそこではない。今回の訪問は町の頭越しに進められ、台湾側から昼食会などの協力要請があったのは2週間前。日本側の担当者がだれか最後までわからなかったという。

日本最西端の碑で行われた記者会見で游氏は「この地を踏んで、安倍総理がおっしゃった『台湾有事は日本有事』を肌身で感じた。日本と台湾は切っても切れない関係にある」と説明。古屋氏は「軍事的な動きも含め、中国が常軌を逸した動きをしている。牽制していくことが極めて重要だ」と述べた。

この会見から、台湾と日本の保守政治家が対中国で連携することの重要性を強調したい思惑が透ける。

現在の台湾は1949年、共産党との内戦に敗れた国民党が中国大陸から逃れ、台北市を臨時首都として産声を上げた。2016年の総統選挙に当選した民進党の蔡英文氏は「我々はすでに独立国家であり、独立を宣言する必要はない」と繰り返し、「台湾は中国の一部」とする中国政府をいらだたせる。

台湾政治大学が行っている「台湾における台湾人・中国人のアイデンティティ調査」による

と、調査を開始した1992年の回答は「台湾人であり中国人でもある」が46・6％でトップ、次いで「中国人である」が25・5％、「台湾人である」が17・6％だった。

しかし、およそ30年後の23年の調査では「台湾人である」が62・8％とダントツの首位となり、「台湾人であり中国人である」は30・5％に減少、「中国人である」に至ってはわずか2・5％にまで減少した。

中国は台湾に対して高度な自治を認める「一国二制度」を示し、中国との統合を呼び掛けている。だが、英国から中国に返還された香港で20年、中国が共産党への忠誠を義務づける香港国家安全維持法を施行し、「返還後50年間は維持する」と約束した「一国二制度」を骨抜きにした。台湾の人々が中国を警戒するのは当然だろう。

一方、米国のバイデン大統領は台湾有事への米軍派遣を明言している。問題は台湾が太平洋を隔てた西太平洋に位置するのに対し、中国から見た台湾はすぐ目の前にあり、地政上、米国が圧倒的に不利であることだ。米国が参戦するためには在日米軍基地の活用が欠かせない。逆にいえば、日本列島を踏み台にできなければ、米国は橋頭堡を失い、参戦を見送るかもしれない。だから台湾にとって日本は死活的に重要といえる。

23年5月、台湾のネットメディアは「『日台戦略対話』が開催され、日本の自衛隊、防衛省、経産省、外務省、警察庁、海上保安庁などの関係者が初めて参加した。邱国正《チークオチョン》国防相も会議の最終日に会場を訪れ、日本政府の関係者と握手を交わした」と報じた。

日本は1972年の日中国交正常化に伴って台湾との国交を絶ち、現在は「非政府間の実務関係として維持されている」（日本の外務省HP）にすぎない。そんな台湾のイベントに日本政府から大挙して参加したというのだ。

これに対し、台湾国防省の孫立方《スンリーファン》報道官は「報道内容は事実ではない」と言明し、報道する前に事実を確認するよう求めた。「図上演習に自衛隊が参加」などの似た報道が目立ち始め、台湾当局も行き過ぎと判断したのだろう。

台湾では24年1月に総統選挙が予定され、与野党の候補が出揃った。蔡英文総統が率いる民進党は米国とのパイプの太さが売りだ。それでも台湾有事の際に米国を引き込むためには、最低でも日本の基地利用が欠かせない。それは同時に南西諸島にとどまらず、日本全体の戦場化を意味する。

与那国を訪問した游氏は民進党出身。日本であれば、どこでもよかったのかもしれない。台湾との交流を推進してきた与那国では「何でも大歓迎という時代は終わった」と見方が広がっている。

在日米軍基地から出撃が前提の戦争計画

米国の「戦略国際問題研究所（CSIS）」は2023年1月、中国軍が26年に台湾へ上陸作戦を実行すると想定した図上演習の報告書を公表した。ＣＳＩＳは、政府や米軍の元高官、研究者ら２００人以上が勤務する世界的に著名なシンクタンクである。国際安全保障分野における提言や論文は特に高く評価されている。

24通りの戦い方をシミュレーションした報告書は、日本が当初、中立を保つ一方、米軍が沖縄の嘉手納基地や山口の岩国基地、東京の横田基地などから戦闘作戦行動に踏み切り、中国軍との戦闘が開始される。これに対し多くのシナリオで中国軍は巡航ミサイルなどで日本にある米軍基地や自衛隊基地の攻撃に踏み切り、日本も巻き込まれるとしている。

ほとんどの場合、中国軍は台湾を制圧できず、物資補給が10日間で途絶。少ない成功例では中国軍が上陸して台南の港湾を支配するが、米軍の空爆で使えなくなり３週間で態勢を維持できなくなり、結局、日米台の連合軍が中国軍を撃破する結論となっている。

犠牲は小さくない。米軍は空母２隻、艦艇７～20隻、航空機１６８～４８４機を失い、死傷者・行方不明者約１万人。自衛隊は航空機１１２～１６１機と艦艇26隻を失う。台湾軍は航空機の半数以上とすべての艦艇を失う。

一方、中国軍は、航空機１５５～３２７機、艦艇１３８隻、地上での死傷者７０００人以上、さらに海上で約７５００人が死亡するとの見積もりが示されている。

もちろん戦争はＣＳＩＳの想定した通りに始まるとは限らない、むしろサイバー戦や電子戦を含むさまざまな形の現代戦が平時から始まると考えられる。見逃せない重要なポイントは

「在日米軍基地の自由使用が認められている」との条件下でのシミュレーションを行っていることだ。

西太平洋の米軍基地は日本と韓国、グアム島にある。グアムはアンダーセン空軍基地、アプラ海軍基地が有名だが、台湾からは遠い。攻撃されるリスクが小さい一方で出撃拠点としての地理的な不利は否めない。

在韓米軍基地は陸軍が主体であり、周囲を海に囲まれた台湾への出撃に活用できるのは空軍の烏山基地などに限定される。

一方、日本は沖縄に陸海空、海兵隊の基地が集中し、青森には空軍三沢基地、東京には同横田基地、神奈川の海軍横須賀基地、同厚木基地、岩国の海兵隊岩国基地、長崎の海軍佐世保基地など本土にも多くの出撃拠点がある。

CSISの図上演習は、当然のように日本の基地からの出撃を前提にしている。中国側からみれば、米軍が日本から自由に出撃する状況を見逃したまま台湾を屈服させることは不可能に近い。中国軍は在日米軍基地や自衛隊基地ばかりでなく、飛行場や港湾といったインフラを攻撃せざるを得ず、日本は莫大なコストを払うことになる。

もう一点、重要なのは米軍が中国本土を攻撃する場合であってもその対象は、飛行場や港湾といった一部の出撃拠点にとどまることだ。主な攻撃対象は主戦場となる台湾海峡の中国軍艦艇や飛来する航空機に限定され、その意味では「専守防衛」に近い戦い方をしている。CSI

Sは「核保有国の領土を攻撃すれば、核のエスカレーションを警戒しなければならない」とし、中国本土を攻撃できない場合の戦争計画も策定しておくべきだと勧告している。

ここで日本の現状を振り返ってみよう。岸田文雄政権は「敵基地攻撃能力の保有」を閣議決定した。攻撃能力を持てば、相手国がひるんで日本は安全になるというが、中国は軍事力に劣る自衛隊の攻撃を恐れるだろうか。世界最強の米軍でさえ、避けたい中国への攻撃に踏み切り、無傷で済むはずがない。絶望的な「平和ボケ」である。

CSISのシミュレーションが示唆しているのは、米中の戦争で両国が相手国の国土を攻撃することはほとんどなく、中国の目の前にある日本だけが壊滅的な被害を受けるという理不尽さである。

日本が米国に在日米軍基地からの出撃を認めないとすれば、どうだろうか。米国は参戦を見送り、中国はやすやすと台湾を併合できるかもしれない。そうなれば日米安全保障条約は米国によって一方的に破棄されるか、日本防衛義務が形骸化され、日本は必要に迫られる形で異次元の軍事力強化に向かうだろう。

安保条約の破棄が嫌ならば、基地の自由使用を認め、日本全土が壊滅的打撃を受けることを了とするのか。まさに究極の選択である。

そこまで追い詰められることがないよう、日本は米中衝突を回避する方法を考えなければならない。政府はシェルター設置など南西諸島の要塞化を進め、住民避難の訓練を始めている。

自助努力が好きな国柄だが、一人ひとりの努力で安全な避難などできるはずがない。台湾有事に備えるのではなく、台湾有事は避けなければならない。

なぜバイデン米大統領は台湾防衛を明言するのか

バイデン大統領はウクライナへの派兵は明確に否定するが、台湾への対応は明らかに異なる。2022年9月、米国のテレビ番組に出演し、「米軍は台湾を守るのか」と問われ、「イエス」と回答。「ウクライナと違って、米軍は中国の侵攻があった場合に台湾を守るということか」と聞かれても「イエス」と答えた。

バイデン氏が台湾防衛を明言したのは就任以来4回目だ。1979年、米国は中国との国交を正常化する際、中国が主張する「ひとつの中国」について「認識する」と答える一方、国内法の台湾関係法を定めて台湾への武器輸出を続けてきた。台湾防衛について態度を明らかにしない「あいまい戦略」を取り続けてきたが、バイデン政権になって明らかに変化した。

もっともバイデン氏が台湾防衛を口にする度、ホワイトハウスが「対中政策に変更はない」と発言を否定する。米国の本音がどちらにあるのか、といえば4回も失言を重ねるはずはなく、バイデン氏の言葉こそが本音と受け止めるのが自然だろう。

米国の半導体工場を視察するバイデン米大統領
（バイデン氏の facebook より）

理由ははっきりしている。世界中の先進国がそうであるように米国は大量の半導体を必要としている。台湾にある世界一の半導体メーカー「台湾積体電路製造（ＴＳＭＣ）」は半導体シェアの60％以上を占め、高性能半導体に絞れば90％にもなる。時価総額は約60兆円で、日本の最大手企業、トヨタ自動車の約2倍である。

仮に台湾が中国に併合されると、中国は半導体の輸出規制を始めるだろう。バイデン氏が西側だけのサプライチェーン（供給網）を提言し、中国に半導体技術が渡らないよう画策したことの意趣返しでもある。ＴＳＭＣは米アリゾナ州に巨大な半導体工場を建設しているが、本社は台湾だ。半導体が不足すれば、米国の主要産業である自動車、航空機、兵器などの工業分野はすべて立ち枯れてしまう。

もうひとつの理由は、米国の平和と安全を守るためである。海洋国家である米国は太平洋に共産主義勢力を入れないことを目標に掲げ、中国軍の洋上進出を重大な懸念材料とみている。冷戦時、米国はソ連の核ミサイルを搭載した原子力潜水艦（ＳＳＢＮ）をオホーツク海に封じ込め、太平洋に進出する際は米原潜が追尾して核ミサイルの発射を許さない態勢をとった。現在は南シナ海などの基地から出航する中国のＳＳＢＮが追尾の対象だ。

２００４年11月、潜水したまま日本の領海に侵入した中国の漢級原潜に対し、日本政府は海上警備行動を発令した。海上自衛隊の護衛艦、哨戒機が2日間にわたって追い掛ける事態となった。「中国原潜が接近中」との情報は米国からもたらされた。青島基地から出航する様子は米国の偵察衛星によって捕捉され、米原潜が追尾を開始。潜ったままグアムを周回した漢級原潜が日本領海を侵犯する直前になって米国からの情報提供があり、日本が引き継いだというわけだ。

中国海軍の艦艇の多くは、沖縄本島と宮古島との間にある宮古海峡から太平洋に進出する。公海なので潜水艦は潜ったまま通過できるが、南西諸島の海底に張り巡らされた音響監視システム（Sound Surveillance System ＝ＳＯＳＵＳ）によって漏れなく捕捉されている。

台湾が中国に占領されたとすれば、中国海軍の艦艇は米軍の監視網をすり抜け、台湾周辺から自由に太平洋へ進出できるようになる。自国の安全が脅かされる事態を米国が見逃すはずがない。

このように米国は自国の産業維持と安全保障の両面から中国による台湾統一を阻止したいと考えている。ウクライナに米軍を派遣しないのは、その両方がないからである。派兵しない一方で大量の米国製兵器を提供するのは「ロシアがウクライナ侵攻でやってきたようなことを繰り返す力を失うほどに弱体化させる」（22年4月24日オースティン米国防長官）という狙いがあるからだ。

米国は20年におよぶ「テロとの戦い」に見切りをつけて21年8月に中東から撤退した。対中国で全力投球しようとしていた矢先にウクライナ侵攻が起きた。米国はウクライナ人の命と引き換えにロシアが二度と立ち上がれないよう弱体化させる道を選んだ。

中国とロシアの協力関係について、ヘインズ国家情報長官は23年3月8日、米議会上院公聴会で「中国とロシアの関係は深まり続けている。われわれはウクライナ戦争に関連して中国によるロシア支援を把握している。支援はいっそう受け入れがたいレベルになっている」と述べて懸念を示した。

ロシアを弱体化させることで中ロ連携の勢いを削ぎ、両国が覇権を唱えられないよう追い込む近道だと米国は考えているのではないか。

21世紀の幕開けのころ、米国の中国への見方はまったく違った。中国が経済成長を遂げることにより民主化が進むと考え、世界貿易機関（WTO）への加盟を積極的に後押しした。01年のWTO加盟により、中国の貿易は拡大し、日本を抜いて世界第2位の経済大国に躍進する原動力となった。

すると中国は経済力を背景に国際秩序に挑戦する姿勢を見せ始め、米国が望んでいた中国の姿から大きく逸脱していく。トランプ政権下のペンス副大統領は18年10月の講演で、対中政策の変更を打ち出した。

ペンス氏は「建国以来米国は中国人民の友であろうとし、中国共産党政府の改革・開放政策を後押しし、その経済発展と自由民主主義への移行を期待してきた」「しかし、WTO加盟後に中国の国内総生産（GDP）は9倍となったにもかかわらず、中国政府は強権的体質を強めている」と問題を列挙した。続いて、次のように述べた。

「海外企業への知的所有権供与の圧力、『中国製造2025』計画で示された先端的製造業を独占する意志、機密情報の窃取と軍備強化、国内の宗教諸派の弾圧、インフラ構築支援に名を借りた途上国での影響力拡大、ひいては米国内政に干渉し、反トランプ政権支援にまで手を染めている」

「もはや世界経済への参入を通じて中国を西側の価値観に同調させる『関与』政策の失敗は明らかで、トランプ政権が昨年末の『国家安全保障戦略』で示したように大国間競争を前提とした政策を採用するほかない」

ペンス氏が中国敵視ともとれる演説を行ったのは、米国の政策エリートには党派的対立を超えて対中警戒論が強まっているので、対中政策の転換が支持を集めると見たからだ。演説の特徴は中身の包括性にあり、中国政府の体質そのものを非難の対象としている。冷戦時代のソ連共産主義に対する敵対心とまではいかないまでも、米国の対中政策はもはや貿易面の対立に限られず、米中冷戦に半歩踏み出したと見ることができる。両国の相違は根深く、米国内で中国との対立を明確に意識させたのはこの演説だったとされる。

覇権国家と台頭する新興国家が、戦争が不可避な状態にまで緊張を高めることをギリシャの歴史家の名前から「トゥキディデスの罠」という。命名した米ハーバード大学のグレアム・アリソン教授の研究では、過去500年の覇権争い16件のうち、12件(75%)が戦争に至った。米中の対立は「トゥキディデスの罠」にはまりかねない危険性を秘めている。

「台湾有事は2027年までに起きる」

2021年3月、アジア・太平洋全域を所管する米インド太平洋軍のフィリップ・デビットソン司令官は上院軍事委員会で「中国は21世紀の安全保障にとって最大の長期的な戦略的脅威だ」と指摘。「この地域における我々の通常兵器による抑止力は低下している。中国が過去20年で軍事力を大幅に増強させたからだ」と述べ、米中の軍事力が逆転したと訴えた。

衝撃的だったのは「台湾への脅威は今後、6年以内に明白になるだろう」と期限を区切って台湾有事の発生に言及したことである。

やはり同年3月には、インド太平洋軍の次期司令官に就任するジョン・アキリーノ海軍大将が上院軍事委員会の指名公聴会で、中国が台湾を侵攻する可能性がある時期について「大半の人が考えているよりもはるかに近いと思う」と述べ、前任者と同じ認識を示した。

2人の司令官が発信した「台湾有事が迫る」との発言は米国内に動揺を与えた。すると火消し役を兼ねて2人の上官にあたる制服組トップのマーク・ミリー統合参謀本部議長が同年6月、上院歳出委員会で証言した。

「中国軍が必要な能力を持つまでの道のりは長く、台湾侵攻が、ここ1、2年で起きる可能性は低いのです」と述べたものの、続けて「ただ、6年後、8年後以降は分からない」と語り、危機感を隠そうとはしなった。

23年3月には、米中央情報局（CIA）が米議会に「世界の脅威を分析した報告書」を提出した。その中で「中国が台湾有事の際に米国の介入を抑止できるだけの軍の態勢を27年までに整えるという目標に向けて取り組みを進めている」と指摘した。

では、なぜ27年（デビットソン発言の21年からみれば6年以内は27年）以内なのか。

中国は1996年にあった台湾独立派とされる李登輝総統が当選した選挙に合わせて、台湾海峡をめがけてミサイルを発射した。中国と台湾との距離はわずか160キロメートル。李氏が当選すれば、ミサイルは台湾に落ちるぞという脅しである。武力による威嚇に反発した米国が空母2隻を台湾海峡に差し向けると、当時としては圧倒的に軍事力に劣る中国はたちまちのうちに威嚇をやめざるを得なかった。

中国にとって台湾統一は、帝国主義列強によって分断・侵略された国土を統一し「偉大な中華民族の復興」を実現する建国理念の重要な柱の一つである。「核心的利益」との表現で、台湾を国家主権の問題ととらえている。

その台湾が独立してしまうのを指をくわえてみているほかないのか、と中国は米国による軍事力を用いた台湾支援に大きな衝撃を受けた。そこで海軍力、空軍力の増強を図ることにした。これを米国は、米軍に対する「接近阻止・領域拒否」(Anti-access/Area denial ＝Ａ２／ＡＤ)と呼ぶ。

目標に偽りはなく、すでに空母「遼寧」「山東」の保有、原子力潜水艦や多数の戦闘艦艇の建造、２０００機におよぶ戦闘機の保有を実現した。習近平国家主席は21年、軍創設１００年となる27年までに軍の近代化を進め能力を高める「奮闘目標」を実現するとあらためて指示。実現すれば、27年までには米軍に対抗できるようになる。

政治的には習近平国家主席の独裁色が強まる中、18年の全人代(国会)で憲法が改正され、国家主席の任期を2期(10年)までとしていた規定が廃止された。習氏が22年に中国共産党総書記の続投を決めたのに続いて、23年3月には前例のない3期目の国家主席に就任した。その後も主席を続けられるかは5年間の成果次第であり、台湾統一に勝る成果を探すのは難しい。

つまり軍事的、政治的にピークを迎えるのが２０２７年であり、それが米国の軍幹部や政府機関が指摘する「27年まで」の根拠である。

台湾の人々はどうみているのだろうか。23年4月に来日した台湾の軍事アナリスト、黄柏彰（Paul Huang）は筆者の取材に対し、「本当の機密情報であれば、公表するはずがない。公表は米国の国益に反する。別の意図があると考えるべきだ」と発言を疑い、米国の党派を超えて広がる中国敵視の空気を助長し、軍事費を確保する狙いがあると分析する。

「中国の目標は経済力、軍事力を強めて米国を圧倒すること。それが実現すれば、労せずして台湾の統一は可能になる」との見方を示す。仮に中国が武力による台湾統一を急ぎ、米国が軍事介入するならばどうなるのか聞いた。

「米国の参戦が明らかになった時点で、在日米軍基地や自衛隊基地への中国軍によるミサイル攻撃が行われるだろう。日本政府は自国の利益を考えるべきだ。台湾に対しては、過度の期待を与えないためにも意思疎通を図る必要がある」

日本政府は台湾との関係は「非政府間の実務関係として維持されている」（日本の外務省ＨＰ）に過ぎず、正式な交流はない。にもかかわらず、日本の保守系政治家の度重なる台湾訪問や自衛隊ＯＢによるシンポジウムへの参加などを通じて、台湾の多くの人々が日本に期待している。その事実は、台湾で行われた世論調査からもわかる。

台湾の民間シンクタンク「台湾民意基金会」が22年3月に行った世論調査によると、「台湾有事の自衛隊が参戦すると思うか」との問いに対し「参戦する」と回答した人が43・1%（「参戦しない」は48・6%）に上った。「米軍が参戦する」との回答は34・5%（同55・9%）で、日本への信頼度の方が高かった。

21年10月の同じ調査では、自衛隊の参戦を信じる人は58・0%、米軍は65・0%だったから、自衛隊で14・9ポイント減り、米軍では30・5ポイントも急落した。これはロシアのウクライナ侵攻に対し、開戦前からバイデン大統領が「米軍を派遣しない」と断言し、実際に米軍を派遣していないことへの失望といえる。

しかし、23年2月の「台湾有事に米軍は参戦するか」との質問に対する回答は「参戦する」が46・5%と前年調査より12ポイント増え、「参戦しない」の42・8%を上回った。米国への信頼が回復したのは、バイデン大統領が台湾有事への参戦について言葉をぼかす「あいまい戦略」から一転して「台湾を守る」と明言したことを反映したとみられる。

いらだつ習近平国家主席

2019年から目立ち始めた中国軍機による台湾の防空識別圏への侵入は年々、その頻度を増している。20年には中国の建国記念日にあたる国慶節の10月1日から4日連続し、計149機を数えた。4日には過去最多の56機が飛来し、台湾に揺さぶりをかけた。

2023年3月の全人代で3期目の国家主席に就任した習近平氏
（中国共産党新聞のホームページより）

注目されるのは、戦闘機に守られた爆撃機が日中、夜間を問わず台湾南部のバシー海峡上空へ侵入したことだ。同海峡は南シナ海で中国を牽制する「航行の自由作戦」を続ける米英軍艦艇の出入り口にあたり、共同訓練に参加する自衛隊艦艇も往来する。

台湾独立への圧力、国慶節に合わせた国威発揚、台湾への関与を深める日米欧への牽制という「一石三鳥」の狙いがうかがえる。

台湾海峡に台湾が引いた中国との間の中間線やバシー海峡の防空識別圏に侵入した中国軍機は、20年は380機を数え、21年は実に972機が進入し、22年には1749機とほぼ倍増させて台湾を脅した。

台湾統一は中国共産党の目標であり、長期政権を目指す習近平国家主席が権力を維持するための「力の源泉」でもある。12年、最高指導者に就任した習氏は政敵を排除して権力基盤を固めた。22年10月の中国共産党大会で総書記続投を決め、23年3月の全人代で前例のない3期目の国家主席に就任した。

習氏は21年10月、北京であった辛亥革命110周年記念大会で「祖国の完全統一という歴史的任務は、必ず実現しなければならず、必ず実現できる」と述べ、台湾統一への強い決意を示した。

習氏と台湾との関わりは古く、1985年、台湾の対岸にある福建省アモイ市の副市長に就任したことから始まった。台湾資本を呼び込んでアモイの発展を実現し、台湾漁船と通じて中国の海上民兵の基礎をつくり上げた。その功績が高く評価され、福建省の省長、隣接する浙江省の書記を経て、党中央政治局常務委員、国家副主席、国家主席の地位を短期間のうちに駆け上った。

台湾を踏み台にして権力を掌握し、党内に並ぶ者がいない習氏が台湾統一を掲げ続ける限り、最高権力者の座は揺らぐことはない。その意味では強硬策は不要なはずだが、米台が急速に接近し、バイデン大統領が「台湾を防衛する」と明言することで米国が守るとしてきた「一つの中国」政策に疑念が生じている。

習氏のいらだちは22年8月、米国のペロシ下院議長の台湾訪問でピークに達した。ペロシ氏が到着した2日夜、中国軍は意趣返しのように台湾周辺6か所の海域で実弾演習を行うと発表し、4日から開始。米軍の空母ロナルド・レーガンが急遽、フィリピン沖へ移動、一定の距離を保ちつつも米中がにらみ合う事態となった。

訓練の目的について「米国が台湾問題をエスカレートさせたことに対する厳正な威嚇であり、『台湾独立』の企みへの厳重な警告である」と発表した。一方、台湾国防部は2日夜、計21機の中国軍機による台湾南西空域への進入があったと公表。台湾メディアは、中国の空母「遼寧」と「山東」がそれぞれ母港を出港し、台湾周辺海域に向かっていると報道した。

今回の中国軍の動きは1996年にあった第3次台湾海峡危機を彷彿とさせるが、当時と比べて中国軍の軍事力がはるかに強化されており、威嚇が米中衝突に発展するおそれがあった。訓練海域をみると、台湾海峡危機の時よりも台湾に近接し、かつ台湾東部およびバシー海峡を含め、台湾を包囲するような形で大規模に設定されたのが特徴だ。台湾に対して軍事的優位性を示したといえる。

中国軍機が接近する度、台湾軍の戦闘機は緊急発進して領空侵犯を防ぐ措置を取らざるを得ない。度重なる航空機による台湾への脅しは、中国軍の実戦能力の向上を兼ねた訓練であると同時に恒常的な台湾への軍事的圧力となって消耗戦を強いている。

中国への核攻撃を検討した米国

半世紀以上前の秘話が明るみに出た。

1958年の第2次台湾海峡危機の際、米政府内で中国への核攻撃が検討されていたというのだ。2020年5月22日付ニューヨーク・タイムス（NYT紙）が、国防総省の秘密報告書「ペンタゴン・ペーパーズ」を暴露した元同省職員のダニエル・エルズバーグ氏が入手していた機密文書をもとに報じた。

第2次台湾海峡危機は中国軍が台湾の金門島を砲撃したことから始まった。機密文書によると、中国と台湾を支援する米国との武力衝突が始まれば、中国を核で先制攻撃することが検討されたという。

トワイニング統合参謀本部議長は、中国を支援するソ連による報復攻撃を想定し、「われわれの核攻撃は確実に台湾や米軍が駐留する沖縄への核報復を伴うだろう。しかし、その結果は受け入れなければならない」と述べた。台湾と沖縄は「捨て駒」も同然の扱いだ。幸い、核使用はアイゼンハワー大統領の反対で見送られた。

エルズバーグ氏はNYT紙に「当時の人々が、その後や現在の閣僚よりも愚かで思慮が浅かったとは思わない」と述べている。

米国は核兵器の先制使用を選択肢に含めている国だが、バイデン政権は新たな核戦略指針「核体制の見直し」を策定する中で、先制不使用やそれに準ずる政策採用の是非が焦点となった。そうした中、英紙フィナンシャル・タイムズ（電子版）は20年10月29日、バイデン米政権が「核兵器の先制不使用」政策を検討していると懸念を強めた英国、オーストラリアなどの同盟国が、同政策を断念するようバイデン政権に働き掛けていると報じた。米国の「核の傘」に入っている国々が米国に「先制使用をやめるな」と強硬論を唱えたというのだ。

報道によると、その中に日本が含まれている。戦争で唯一の被ばく国である日本が「核の先制使用」ではなく、「不使用」を求めるとすれば強い説得力がある。だが、政府は訴えようとしない。むしろ核兵器に依存した安全保障政策に強く傾斜している。

23年5月に広島であったG7（主要7か国）サミットは、「核軍縮に関する広島ビジョン」を採択した。その中にはこうある。

《我々の安全保障政策は、核兵器は、それが存在する限りにおいて、防衛目的のために役割を果たし、侵略を抑止し、並びに戦争及び威圧を防止すべきとの理解に基づいている》

核保有国とその同盟国によるG7は核抑止をあらためて正当化した。日本で開催されたサミットだから、原文の作成は日本政府が行った。抑止とは戦争を引き起こさないための威嚇だが、抑止は破れることがある。台湾有事が核戦争に発展する可能性はゼロとはいえない。

第2章　安全保障政策の抜本的改定

「新しい戦前」への驀進

年の瀬、２０２２年12月28日のテレビ番組「徹子の部屋」に出演したタレントのタモリ氏は黒柳徹子氏から「来年はどんな年になりそう？」と聞かれて、「新しい戦前になるんじゃないですかね」とさらりと答えた。

政治的なことは語らないタモリ氏にしては異例の発言。自身にとっての来年にとどまらず、すべての国民にとっての未来図を予測してみせた。

ということは、再来年以降どこかの時点で戦争が始まるとみているのだろう。80年近く続いた戦後が終わり、先の大戦前夜のような「新しい戦前」の年になるというのだ。

タモリ氏の出演より早い同月16日、岸田文雄首相は安全保障関連三文書を見直し、「反撃（敵基地攻撃）能力の保有」を閣議決定した。憲法の規定に基づく「専守防衛」をかなぐり捨て、他国を攻撃するというのだから安全保障政策の大転換である。

国際法に違反する「先制攻撃」も容認した。安倍政権で成立した安全保障関連法にもとづく集団的自衛権行使として米国の戦争に参戦する場合は必ず、「先制攻撃」になる。

集団的自衛権行使とは「他国に対する武力攻撃を自国が直接攻撃されていないにもかかわらず、実力をもって阻止する権利」のこと。安全保障関連法は「密接な他国への攻撃」であっても、その攻撃が日本の存立を脅かす場合であれば、これを存立危機事態とみなして「密接な関係にある他国」を守るために海外における武力行使を解禁した。それこそが集団的自衛権の行使である。

「密接な関係にある他国」の例として政府は米国を挙げる。米国を守るために自衛隊が集団的自衛権行使に踏み切れば、米国と戦っている相手国は交戦もしていない日本の参戦に驚き、日本への反撃が正当であると主張するだろう。

国連憲章第51条は、国連加盟国が武力攻撃を受けた場合、個別的自衛権と集団的自衛権の行使を認めているが、この規定は国連が集団安全保障体制へと移行するまでの補完であり、さらに51条は「安全保障理事会が国際の平和及び安全の維持に必要な措置をとるまでの間」と自衛権行使に時間的な制約も設けている。

ただ、集団的自衛権行使が国連憲章に書き込まれたことが大義名分となり、大国による濫用が始まった。米国によるベトナム戦争や国際司法裁判所から米国による武力侵攻が違法と認定され、賠償金の支払いを命じられたニカラグア侵攻、旧ソ連のアフガニスタン侵攻といった事実上の侵略行為が集団的自衛権の行使と主張された例をみれば、この51条の規定自体が妥当性を欠くというほかない。

政府は安全保障関連法によって海外における武力行使に道を開き、閣議決定によって他国への攻撃を認めた。岸田首相は「専守防衛の堅持」「先制攻撃はしない」というが、詭弁にすぎない。

感性の鋭いタモリ氏は、安全保障政策の激変やロシアによるウクライナ侵攻よるキナ臭さを感じ取り、冒頭の発言につながったのだろう。

自民党ハト派の変身

2020年9月、安倍晋三氏は持病の悪化を理由に首相在位7年8か月の長期政権に幕を降ろした。その際、後任の首相に引き継ぐ内容を「談話」として残した。

「談話」の1項目は同年6月、当時の河野太郎防衛相が推進装置「ブースター」を安全に落下させられないことを理由に地対空ミサイルシステム「イージス・アショア」の配備停止を表明したのを受けた代替策として「弾道ミサイル迎撃システム等の脅威に対し迎撃能力確保が必要」というのだ。こちらは後任の菅義偉首相がシステムを船に乗せる「イージス・システム搭載艦」の建造を閣議決定することで応えた。

「談話」の2項目は「迎撃だけでは足りない。抑止力強化のために、ミサイル阻止に関する安全保障政策の新たな方針を検討したきた」と述べ、「敵基地攻撃能力の保有」を政策として取り入れるよう求め、こちらは岸田首相が閣議決定した。

とはいえ、党内ハト派とされる宏池会領袖の岸田氏が、党内タカ派の清和会を率いた安倍氏

総理大臣に選ばれ、初出邸する岸田文雄首相
（2021 年 10 月 4 日、首相官邸のホームページより）

と同じ考えであるはずがない。

岸田氏自身、自民党政調会長だった17年、テレビ番組で、当時の安倍首相と比較して「政治家としての哲学、信念は簡単にいえば、首相が保守。あえていえばタカ派なんでしょう。私はリベラル、ハト派」と述べている。

憲法観も違う。改憲の旗振り役だった安倍氏に対し、岸田氏は「憲法改正は考えない。これが私たちの立場ではないか」（15年10月5日岸田派研修会）と護憲の立場を鮮明にしている。

その岸田氏が変わり始めたのは自民党総裁＝首相の椅子がみえ始めたころだ。総裁選を控えた21年3月、党内の保守勢力を取り込む狙いから自身のツイッターで「敵のミサイル発射能力そのものを直接打撃し、減衰させることができる能力を保有することが必要」と投稿し、敵基地攻撃能力の整備を訴えた。そして総裁選では「自民党改憲4項目の総裁任期中の改正実現を目指す」と改憲を主張、安倍氏の持論に限りなく近づいた。

22年1月の施政方針演説や代表質問への答弁をみると、総裁選を通じて訴えた「令和版所得倍増」のための分配施策、金融所得課税の見直し、健康危機管理庁の創設などはいずれも胡散霧消。「岸田カラー」は限りなく薄まった。

それでも財政健全化を目指す最後の意地だけは残っていたが、その意地も安倍氏に砕かれてしまう。

岸田氏は22年6月、「経済財政運営と改革の基本方針」（骨太の方針）を閣議決定した。防衛費について、北大西洋条約機構（NATO）加盟国が国内総生産（GDP）の2％以上を目標としていることを例示し、「防衛力を5年以内に抜本的に強化する」と明記した。

だが、原案に「5年以内」の文言はなかった。岸田氏は経済財政諮問会議などの会合で「わが国を守り抜く防衛力を構築すべく、さまざまな取り組みを積み上げて予算を確保していく」と述べるにとどめ、「期限ありき」ではない姿勢を示していた。

これに異論を唱えたのが安倍氏だ。防衛費のあり方をめぐり、自民党が4月に提言した「5年以内にGDP比2％以上」を書き込むよう求め、党内の議論でも安倍氏に近い議員たちが強硬に要求。政権基盤の弱い岸田氏は原案の修正に踏み切らざるを得なかった。

だれが「GDP比2％」を言い出したのか振り返れば、21年9月の自民党総裁選に出馬した高市早苗氏が「米欧並みにするならば国内総生産の2％で10兆円規模だ」と記者団に述べている。周知の通り、高市氏は安倍氏の支援を受けた。

安倍氏一人で岸田氏を籠絡したわけではない。安倍政権には「官邸官僚」と呼ばれる首相取り巻きの官僚たちがいた。このうち防衛省出身の島田和久氏は首相秘書官を6年半も務めた後、防衛省に戻り、20年8月、事務方トップの事務次官に就いた。

21年の総裁選前、防衛費の増強を求めて自民党国防族や有力議員に働き掛ける姿が目撃されている。高市発言は「ロビー活動の成果」といえる。

岸田首相は「骨太の方針」を公表した直後、島田氏を退任させる人事を発令した。後任の事務次官は島田氏と同期の鈴木敦夫防衛装備庁長官。若返りでもなく、「上がりポスト」の装備庁長官から異例の横滑り。「骨太の方針」をねじ曲げられたことへの意趣返しだったのは明らかだ。

しかし、岸田氏は「骨太の方針」を決定する前の5月23日、来日したバイデン米大統領と首脳会談を行い、会談後の記者会見で「日本の防衛力を抜本的に強化して防衛費を増額する」と伝えたことを明かし、バイデン氏から「強い支持を得た」と述べている。だから、首脳会談の1か月後に決めた「骨太の方針」でGDP比2％をためらったのは矛盾しているようにみえる。

岸田氏と安倍派の確執は、何を財源とするか方法論が対立したことにある。岸田氏は「財源確保のあらゆる努力をした上で、最終的に国民の皆さんに一定のご負担をお願いせざるを得ない」（22年12月10日記者会見）と述べ、増税による財源確保の方針を示した。これに対し、安倍派の萩生田光一自民党政調会長は、生前の安倍氏の主張を引き継ぎ、財源を国債で賄うよう訴え続けた。

つまり、岸田氏vs安倍派の対立は、防衛費の財源を増税とするか、国債とするかの違いであり、防衛力強化で双方は一致している。ハト派はタカ派に取り込まれた。

宏池会の大先輩、元衆院議長の河野洋平氏は「岸田さんという人がこれまで改憲に熱心だったとは承知していません。安倍さんが全党的に改憲へ進めと号令をかけたのを聞いて、態度を変えたのでしょうか。そうだとすれば『にわか改憲論者』だということになる。岸田さんが敵基地攻撃能力などにこだわるようなところは、少し不安がある」（22年2月18日毎日新聞）と懸念を示していたが、その通りになった。

「総理大臣は日本の社会の中で、一番権限の大きい人ということなので、総理大臣を目指しました」

この言葉は、東日本大震災から12年を迎えた23年3月11日、復興支援で整備された福島県相馬市の子育て支援施設を訪れた岸田氏が、参加していた中学生から「どうして総理大臣になろうと思ったのか」と質問を受けての答えである。

「一番権限の大きい首相になる」。首相になること自体が目的であることを身も蓋もなく告白している。

この言葉の前に「政治家になってみると、やりたいと思うことを実現する、やめてほしいと思うことをやめてもらうには、やはり力をつけなきゃいけない」との前置きがあるが、では、岸田首相は「やりたいこと」や「やめてほしいこと」のために首相の権限を使っているだろうか。

「死せる安倍氏が生きる岸田氏を走らせる」。岸田氏に無念な思いはないだろうか。首相を続けることが一番の目的のようにみえるので、何でもいいのかもしれない。

戦後日本の不文律を破る

「防衛力の抜本的強化は、内容、予算、財源を一体的に議論していく」

岸田首相はこう繰り返して安全保障関連3文書の改定を警戒する野党の質問に答えず、財源を国債とするよう迫る自民党安倍派にも言質を与えなかった。首相就任時に「聞く力」を強調し、「丁寧」「謙虚」といった売りの言葉とは裏腹に議論を煮詰めることなく、場当たり的に政権運営を進めた。

2022年12月16日の閣議で決まった「敵基地攻撃能力の保有」「防衛費の対GDP比2％」

の中身をみると、「内容」として敵基地攻撃に使う長射程ミサイルの導入を意味する「スタンド・オフ防衛能力」、ミサイル攻撃をはね返す「統合防空ミサイル防衛能力」などに使う武器の導入や、領域作戦横断能力などの作戦能力を強化する計画がずらりと並んだ。

「予算」は今後5年間で必要な防衛費について、防衛省は48兆円、財務省は30兆円前半を主張してきたが、岸田氏の裁定で過去5年間の計画の1・5倍以上となる43兆円があっさり決まった。中身の精緻な議論もないままの「どんぶり勘定」である。本来予算は項目別に積み上げる積算方式が取られるが、43兆円という数字は岸田氏が「こんな感じで行く」と示した「腰だめの数字」でしかない。

「内容」や「予算」の裏付けとなる「財源」はどうなったのか。

閣議決定の1週間後、防衛省は23年度防衛費案を発表した。5年間で43兆円を投じる防衛費の初年度は過去最多の6兆8217億円。対前年度比で1兆4000億円以上もの増。過去11年連続して右肩上がりだった防衛費の中でも突出して増えた。

「財源」に困った財務省は遂に「パンドラの箱」を開ける。戦後初めて防衛費のために建設国債を充てることを決め、護衛艦、潜水艦の建造費や施設建設に4343億円を計上した。

政府が発行する国債には大きく分けて財源不足を補う赤字国債と道路、橋脚などの公共事業費の財源にする建設国債のふたつがある。当初予算は税収だけでは賄えず、3割程度を赤字国債の発行によって穴埋めしている。その意味では防衛費の一部にも赤字国債が含まれているとの見方はできるものの、直接、国債を充てた例はない。

政府は先の大戦で戦時国債を大量に発行し、国民から集めたカネで負け戦をずるずる続け、敗戦後のハイパーインフレによって戦時国債が無価値になった反省から「軍事費の財源として公債を発行することはしない」「防衛費は消耗的な性格を持つ。公共事業費等に準ずることは適切でない」（1966年当時の福田赳夫蔵相答弁）との政府見解を示した。その戦後日本の不文律は岸田政権によってあっさり覆された。

岸田氏は閣議決定前にあった12月10日の記者会見で軍事費増額の財源として国債による調達は「責任として取り得ない」としていた。その舌の根も乾かぬうちに4343億円という巨額の建設国債を防衛費に充てることにしたのである。

22年の通常国会、臨時国会の答弁で「検討する」を連発し、「遣唐使」をもじって「検討使」と揶揄された。検討ばかりで決断しないと取られがちだが、そうではない。言葉遣いこそ丁寧なものの、何も説明していないだけだ。そして最後は法的な制約や過去の政府見解といった縛りを無視して結論だけ打ち出し、周囲が大慌てで帳尻を合わせるという出たとこ勝負を繰り返している。

思い出してほしい。防衛費の財源もみつからないうちの23年1月、通常国会初日の施政方針演説で唐突に「異次元の少子化対策」を表明した。必要な財源は3兆円以上。一方の防衛費は財源不足から27年度以降、毎年4兆円不足する。

世間では資金返済のあてもないのにマイホームを建てたり、マイカーを購入したりする人はない。借金しても返済できなければ金融機関に取り上げてしまうのが確実だからだ。なぜ岸田氏は財源もないのに次々に施策を打ち出すのだろう。人気取りなのか、無鉄砲な性格なのか。低迷する内閣支持率は政権の本性が理解されてきた証拠ではないのか。

安保3文書に潜む憲法解釈の変更

岸田文雄首相は2022年12月16日、「反撃（敵基地攻撃）能力の保有」と「5年後の防衛費対GDP比2％増」を盛り込んだ安全保障関連3文書を閣議決定した。「専守防衛」をかなぐり捨て、米国、中国に次ぐ世界第3位の防衛費を計上する「軍事大国」を目指すというのだ。この日、岸田首相は記者会見し、「戦後の安全保障政策を大きく転換するものだ」と強調した。

この言葉は「首相の本音」を示してはいるが、虚言もしくは失言ではないのか。閣議決定された3文書のうち、最上位の国家安全保障戦略には「平和国家として、専守防衛に徹し、他国に脅威を与えるような軍事大国とはならず、非核三原則を堅持するとの基本方針は今後も変わらない」とある。

専守防衛を堅持し、軍事大国にならないのであれば、これまでの政策と変わるところはな

安全保障関連３文書を閣議決定し、記者会見する岸田首相
（2022 年 12 月 16 日、首相官邸のホームページより）

い。それでも大転換といっているのは憲法の枠内で安全保障政策を大きく変えたと主張したかったのだろう。

だが、3文書を読むと憲法の枠内に収まっているとは到底、いえない。もともと安全保障政策は安倍晋三政権の下で成立した安全保障関連法により、憲法の規定から逸脱した。「我が国と密接な関係にある他国に対する武力攻撃が発生し、これにより我が国の存立が脅かされる事態」を存立危機事態と名付け、事態認定すれば、自衛隊は「密接な関係にある他国」を守るために海外で武力行使できることにした。

これまで政府が「憲法上、行使できない」としてきた集団的自衛権を「行使できる」と一変させたのである。16年3月の法施行後も複数の内閣法制局長官経験者や多くの憲法学者から「違憲の法律」との批判が止むことはない。

日本国憲法に基づく「専守防衛」とは、集団的自衛権の行使など、海外における武力行使をしないことはもちろん、例え自国が侵略された場合であっても必要最小限度の武力しか行使しないことをいう。自衛隊による戦闘行為は日本の領域と隣接する公海、公空に限られ、他国に脅威を与えるような戦力は持てないとしてきた。

「戦力は持てない」とする政府見解は以下の通りである。

「政府が従来から申し上げているとおり、憲法第9条第2項で我が国が保持することが禁じられている戦力とは、自衛のための必要最小限度の実力を超えるものを指すと解されるところであり、（略）個々の兵器のうちでも、性能上専ら相手国の国土の潰滅的破壊のためにのみ用いられるいわゆる攻撃的兵器を保有することは、これにより直ちに自衛のための必要最小限度の範囲を超えることとなるから、いかなる場合にも許されず、したがって、例えばＩＣＢＭ、長距離核戦略爆撃機……長距離戦略爆撃機、あるいは攻撃型空母を自衛隊が保有することは許されず、このことは累次申し上げてきている通りであります」（１９８８年4月6日参院予算委員会、瓦力防衛庁長官）

憲法上、戦力に該当するとしてＩＣＢＭ（大陸間弾道ミサイル）、長距離爆撃機、攻撃型空母の3種を挙げ、保有できないと明言している。

現実はどうだろうか。防衛省が保有を進める島嶼防衛用高速滑空弾は当初、「射程４００キロメートル程度で他国に脅威を及ぼさない」と説明されたが、23年度から開発を始めた能力向上型は、射程2000～3000キロメートルと報道されている。日本列島は北海道北端の宗谷岬から日本最西端にある与那国島までの距離が約2870キロメートルである。

その距離を上回る3000キロメートルも飛ぶミサイルが日本防衛に不可欠とは思えない。日本列島から発射して外国を狙う敵基地攻撃に活用する以外に用途があるだろうか。その機能に着目すれば、通常弾頭を搭載するとはいえ、ICBMに近いといえる。

また23年度防衛費で127億円を投じて米政府から購入する射程900キロメートルの空対地ミサイル「JASSM（ジャズム）」は搭載したF15戦闘機が日本海から発射すれば朝鮮半島に届き、東シナ海から撃てば中国まで届く。その機能に着目すれば、長距離戦略爆撃機に近いといえないだろうか。

さらに「いずも」型護衛艦を改修して垂直離着陸ができるF35B戦闘機と組み合わせれば、まごうことなき攻撃型空母に変身する。「いずも」「かが」の2隻は対潜水艦（対潜）戦専用の艦艇として設計され、運用されてきた。甲板に搭載した対潜ヘリコプターを使って日本を攻撃する敵潜水艦をいち早く発見して撃退する防御型艦艇だったが、F35Bを搭載することを決めた18年12月の閣議により、その役割を大きく変えた。

先の大戦で空母を最初に実戦投入したのは旧日本海軍である。「赤城」「加賀」「蒼龍」「飛龍」「翔鶴」「瑞鶴」という6隻の空母が約350機の攻撃機を乗せて太平洋へ進出し、ハワイ

空母化が進む護衛艦「いずも」に着艦した米海兵隊のF 35 B戦闘機（海上自衛隊提供）

の真珠湾を攻撃した。空母とは遠方まで攻撃機を運ぶ「動く航空基地」である。攻撃的兵器そのものであり、戦力でないはずがない。

専守防衛のタガが外れ、空文化しつつあった憲法第9条に引導を渡したのが3文書である。「敵基地攻撃能力の保有」と称して他国に脅威を与え、攻撃するための戦力の保有を事実上、容認した。3文書には憲法解釈の変更が潜ませてあると考えるほかない。

もちろん政府は安全保障関連法は合憲との立場だから、踏み外した道が正しいとの前提に立って、ますます横道に逸れて行き、長射程ミサイルを他国に撃ち込むことが専守防衛の範囲内であるという詭弁の世界に入り込んでいる。

「敵基地攻撃能力の保有」を閣議決定

政府が「敵基地攻撃は可能」とするのは、1956年にあった鳩山一郎首相の国会答弁を根拠にしている。

「たとえば誘導弾等による攻撃を防御するのに、他に手段がないと認められる限り、誘導弾等の基地をたたくことは、法理的には自衛の範囲に含まれ、可能であるというべきものと思います」（56年2月29日衆院内閣委員会）

この答弁を踏襲しながらも、政府は日米安全保障条約があることを理由に「攻撃は米国に任せ、日本は防衛に徹する」とし、日米で役割分担することを理由に敵基地攻撃能力の保有を否定してきた。

改定された3文書は、日本も敵基地攻撃を担うとする一方で、「日米の基本的な役割分担は今後も変更はない」とある。明らかに役割を変えたのに「変更はない」と強弁するのだから支離滅裂というほかない。

政府が維持してきたのは鳩山答弁だけではない。59年3月19日、伊能繁次郎防衛庁長官は衆院内閣委員会で「敵基地攻撃は可能」としながらも「しかし、このような事態は今日においては現実の問題として起こりがたいのであり、こういう仮定の事態を想定して、その危険がある

安全保障関連３文書を議論する有識者会議であいさつする岸田文雄首相
（首相官邸のホームページより）

からといって平生から他国を攻撃するような、攻撃的な脅威を与えるような兵器を持っていることは、憲法の趣旨とするところではない」と述べた。攻撃されるという仮説をもとに攻撃的兵器を保有するのは憲法上、許されないと断言している。

また、72年10月31日の衆院本会議で田中角栄首相は「専守防衛ないし専守防御とは、防衛上の必要からも相手の基地を攻撃することなく、もっぱらわが国土及びその周辺において防衛を行うということであり、これはわが国防衛の基本的な方針だ」とさらに踏み込んだ。

どう読んでも政府が敵基地攻撃や攻撃的兵器の保有を否定してきたのは明らかだ。それでも岸田首相は「憲法に基づく『専守防衛』は堅持する」と主張して譲らない。

論理破綻が極まる一方なのは、国会における野党の追及とそれに対する政府見解の表明という議論の積み重ねを経ることなく閣議だけで決めたからだ。閣議には首相を含めて20人の閣僚が集まるが、首相に指名されてその職にある閣僚たちが逆らえるはずがない。第二次安倍政権で「首相夫人は公人でなく私人」などの珍妙な閣議決定を連発したのは、閣議が事実上、首相の考えを追認する場になり果てたことを示している。

3文書改定に至るプロセスは、お粗末のひと言に尽きる。岸田首相は通常国会初日1月23日の施政方針演説の中で、こう述べている。

「昨年末、1年を超える時間をかけて議論し、検討を進め、新たな国家安全保障戦略などを策定いたしました」「極めて現実的なシミュレーションを行った上で、十分な守りを再構築していくための防衛力の抜本的強化を具体化しました」

「1年を超える議論」とは、政府部内や与党内の議論といった非公開の密室協議であって国会における熟議の結果ではない。自由な討論を経て政治的決定と変更を重ねる民主主義の手続きを無視しているのだ。昨年の国会で、岸田首相は「あらゆる選択肢を排除せずに検討する」「防衛力強化は内容、予算、財源の3点セットで検討する」と述べるだけで、3文書の中身を一切明らかにせず、逃げ続けた。

23年の通常国会でも、「丁寧に説明する」といいながら、例えば敵基地攻撃が可能となる相手国による攻撃の「着手」の見極めについての質問には「相手国に手の内を明かすことなる」

として何も説明しようとはしなかった。

密室で行われた「現実的なシミュレーション」の中身について聞かれ、岸田首相は「現実的なシミュレーションを行い、必要な装備あるいは数量を積み上げた」と述べるだけで何も答えていない。禅問答のようなかみ合わない答弁ばかりが続いた。

首相当時の安倍氏が野党に対し、色をなして反論したのとは対照的に表情を変えることなく穏やかに話してはいるが、説明責任を果たしていないという点では安倍氏と同じ独裁的手法といえる。

安保3文書は、日本が警戒すべき国として中国、北朝鮮、ロシアを挙げている。中国について「対外的な姿勢や軍事動向等は我が国と国際社会の深刻な懸念事項であり（中略）これまでにない最大の戦略的な挑戦」とあり、バイデン米政権の中国評の「国際秩序に挑戦する唯一の競争相手」との表現に近い。

北朝鮮については「従前よりも一層重大かつ差し迫った脅威」として「脅威」と断定。ウクライナ侵攻中のロシアは「中国との戦略的連携強化の動きもあいまって安全保障上の強い懸念」と不信感を高めた。

3文書には「力強い外交を展開する」とあるものの、これら3か国との関係改善の道筋や目指す外交方針は何も書かれていない。軍事力強化が前面に押し出され、「平和国家」の看板を置き忘れたかのようだ。

02年に北朝鮮で行われた日朝首脳会談を実現させた元外交官の田中均氏は「私は民主主義的な手続きで防衛費を適正レベルまで増やすことに何の異存もありません。ただ、これは戦後の安保政策の大転換であり、十分な説明もなく唐突にGDP比2％という『額ありき』で予算を倍増させ、何十年も控えてきた反撃能力を取得するというのは驚きです。日本に適切な政策とは到底思えない」と批判する。

そして「日本だけで中国、ロシア、北朝鮮を抑止はできません。常に米国と日本の抑止力のトータルで安全が保たれている。そのうえで周辺諸国を刺激しないよう日本は専守防衛で『盾と矛』の役割分担もしてきた。これからまわりの国々とどう関係をつくり、安保環境をよくするか。そういう外交が見えない」（ともに22年12月20日朝日新聞インタビュー）と指摘した。

外交不在。周りの国と平和で安定した関係をつくる労を惜しみ、力で解決しようとする愚策が3文書である。

「米軍の二軍」になる自衛隊

岸田首相は「日本が敵基地攻撃能力を持てば、相手に攻撃を思い止まらせる抑止力になる」と説明する。ロシアによるウクライナ侵攻があり、不安を高めた国民の思いに寄り添ったようにみえる。

実際にはまるで違う。第二次安倍政権以降、自民党は防衛計画の対応改定に合わせて政府に渡す「提言」の中で敵基地攻撃能力の保有を求め続けてきた。「策源地攻撃能力」（２０１３年）、「敵基地反撃能力」（17年、18年）、「反撃能力」（22年）と用語こそ違うが、毎回のように保有を迫った。18年までは当時の安倍首相の意向を受けた「提言」を安倍氏本人に手渡したのだから茶番劇だ。

今回の閣議決定は、国民の不安を逆手に取り、長年の懸案を解決するあざとい手法でしかない。

では、敵基地攻撃能力を持てば、日本は安全になるのだろうか。日本が軍事力を強化すれば、周辺国は警戒してやはり軍事力を強め、東アジアの軍拡競争を加速させることになる。その結果、安全になろうとしてかえって危険を呼び込む「安全保障のジレンマ」に陥りかねない。

そもそも日本を攻撃しようとする国があるようにはみえない。中国の軍事力強化は自国の権益を拡大して、米国に対抗する多極的世界を構築することが狙いとされる。無人の岩に過ぎない尖閣諸島をめぐり、武力侵攻するのは中国の国益には適わない。

北朝鮮が核・ミサイル開発を続けるのは、イラクやリビアのように米国からの一方的な攻撃によって政権が崩壊する事態を避けるためであり、米国と対話する材料でもある。安倍氏や岸田首相が「無条件で話し合う」と呼び掛けても無視されるのは、日本など眼中にないからだ。

すると、敵基地攻撃能力は何のために持つのだろうか。

結論からいえば、米国の戦争に参戦するため、もしくは米軍の戦力を補完して抑止力を高めるためと考えられる。政府は米国を「密接な関係にある他国」とみているから、米国への攻撃があれば存立危機事態が認定され、日本は米国を守るために戦うことができる。

米国という「国」が攻められた時とは限らない。米軍の損耗が存立危機事態にあたり得るとの見解（17年8月10日衆院安全保障委員会、小野寺五典防衛相）が示されているので、米国や米軍を守るために日本は集団的自衛権を行使する。

日本が独立国家である以上、米国の戦争に加わるか否か独自に判断できるはずだが、安倍政権下の15年4月、日本側の要望で「日米防衛協力のための指針」（ガイドライン）を改定して、自衛隊の米軍への協力を地球規模に拡大した。その中身を法律に落とし込んだのが安全保障関連法である。対米追従を永久化したのだから、米国の協力要請を断れるはずがない。

改定された3文書のうちの国家防衛戦略（旧防衛計画の大綱）には重要な一文がある。

「この政府見解は、2015年の平和安全法制に際して示された武力の行使の3要件の下で行われる自衛の措置にもそのまま当てはまるものであり、今般保有することとする（※筆者注・敵基地攻撃）能力は、この考え方の下で上記3要件を満たす場合に行使し得るものである」

「この政府見解」とは56年の鳩山答弁を指し、「武力の行使の3要件」とは、安倍政権で定めた武力行使ができる要件のことで「日本への武力攻撃が発生した場合」と「存立危機事態が認定された場合」の２つが記されている。

この一文の根幹をわかりやすくいえば、「存立危機事態における敵基地攻撃は可能」となる。日本が攻撃されていないにもかかわらず、日本は米国の交戦相手を攻撃できるというのだ。これこそが先制攻撃である。もはや憲法第９条は死文化したに等しいといえるだろう。

安全保障関連法で海外派兵を可能にしたものの、「専守防衛」のタガがはめられたままの自衛隊に長射程のミサイルは一発もなく、保有できるのは防御的兵器に限定されていた。米国の戦争に参戦したとしても足手まといになりかねなかったが、敵基地攻撃を解禁したことにより長射程ミサイルの保有が可能になった。攻撃的兵器を持つ米軍と平仄が合い、自衛隊は必要に応じて「米軍の二軍」に変身できるようになった。

とはいえ、自衛隊は長年にわたる専守防衛の制約から攻めてくる敵を撃退する訓練しかしていない。攻撃は想定しておらず、他国のどこに基地があるのか正確な地点を知る術さえない。偵察衛星を導入したり、ヒューミントと呼ばれるスパイを養成したりするには巨額の費用と長い時間がかかる。

では、どのように攻撃を仕掛けるのか。

国家防衛戦略は「我が国の反撃能力については、情報収集を含め、日米共同でその能力を効果的に発揮する協力体制を構築する」とした。解決策は日米一体化だというのだ。

外征軍である米軍は高い情報収集能力を持ち、自衛隊の情報不足を補うことができる。その性能を熟知する米軍からの命令で、米政府から大量に購入する巡航ミサイル「トマホーク」を自衛隊が発射する日がいずれ来るのだろう。

米国は、自国や同盟国・友好国に対する航空・ミサイル攻撃を抑止し、対処する取り組みとして「統合防空ミサイル防衛（Integrated Air & Missile Defense ＝ＩＡＭＤ）構想」を進めている。陸海空、宇宙のあらゆる兵器を統合して敵のミサイルを破壊する構想で、米軍の能力を統合するだけでなく、米国の同盟国・友好国とも連携する「統合抑止」という考え方だ。

安保3文書にもミサイル攻撃から日本を守るための「統合防空ミサイル防衛の強化」が明記されている。米国で開発され、日本が導入したミサイル防衛システムは、例えば北朝鮮が発射したミサイルの噴射熱を探知する米国の早期警戒衛星の情報が防衛省のシステム上に表示される仕組みになっている。その意味ではミサイル情報はすでに日米で共有されている。

23年1月31日の衆院予算委員会。野党からの「米国のＩＡＭＤ構想に入るのか」との質問に岸田首相は「我が国の統合防空ミサイル防衛と米国のＩＡＭＤはまったく別物」「ＩＡＭＤに参加する、こんなことはあり得ません」と答弁した。

一方、米国はＩＡＭＤ構想について、「同盟国や友好国が絶対に重要」「シームレス（切れ目のない）な融合が必要」と明言している。音速の10倍を超える弾道ミサイルを迎撃し、反撃に転じるには、日米のシステムを連結する以外に効果的な対処法はない。

岸田氏は何も知らされていないか、とぼけているのかどちらかしかない。日米のシステムを連結すれば、憲法も安全保障政策も異なる二国間で情報収集力に優れた米軍が主導権を握り、自衛隊はこれに追従するほかない。日本国憲法に基づく「必要最小限の実力」にとどまる敵基地攻撃などあり得ないことになる。

そのとき日本が無傷で済むはずがない。安全保障関連法とそれに続く「敵基地攻撃能力の保有」は日本を破滅に導く「悪魔の道標」である。

攻撃拠点、南西諸島のミサイル基地

沖縄は再び戦場になるのだろうか。

安全保障関連3文書には、台湾有事に巻き込まれかねない沖縄に関係する記述が目立つ。那覇市の第15旅団を増員して師団に格上げし、自衛隊那覇病院を地下化する。民間港湾・空港の整備・強化も打ち出した。

具体的には、軍艦の民間港湾への出入港に必要な支援船6隻の建造費、民間船舶を利用した輸送試験の実施費を防衛省が負担する。皮肉なことに予算不足で手つかずだった離島の港湾整備が軍事利用を理由に一気に進むことになった。

台湾に最も近い与那国島には地対空ミサイル部隊が新設される。与那国島は2009年当時の町長が上京して防衛省に誘致を働き掛け、地元の要望を反映する形となって16年に沿岸監視

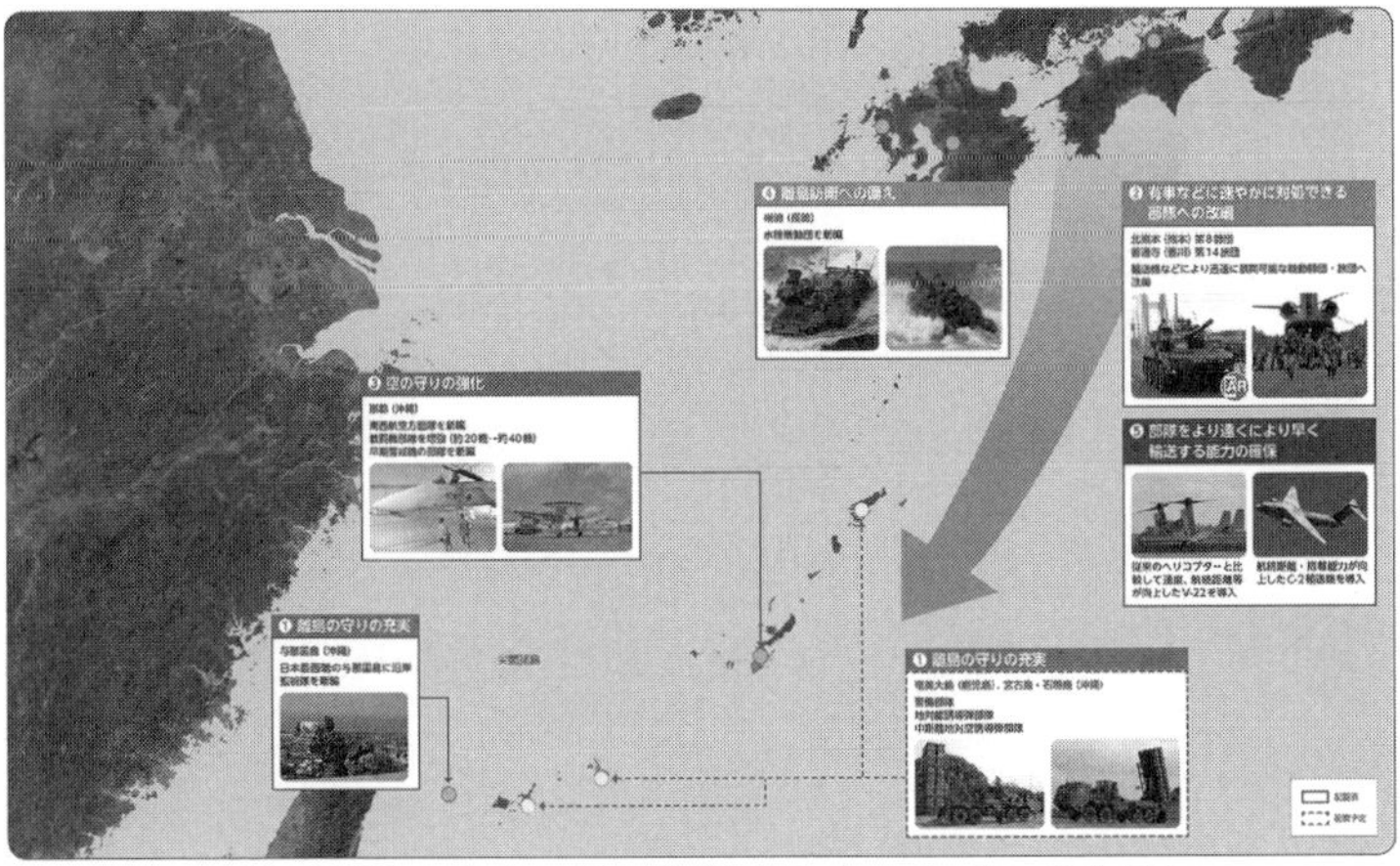

南西防衛のイメージ（防衛省のホームページより）

部隊が新設され、移動式警戒管制レーダー部隊も発足した。移動式とは名ばかりで常駐して現在に至っている。

23年には電子戦部隊が配備され、地対空ミサイル部隊の新設が浮上した。これらの部隊がすべて配備されると島人口の3分の1近くを自衛隊関係者で占めることになる。島の南西部は自衛隊施設が集中し、3つあるすべての集落に分散して隊員とその家族が暮らす。

自衛隊が主役となって「要塞の島」と化しつつある与那国島。町側に利点があるとすれば、本来、自費で整備しなければならないゴミ処理施設と総合給食センターの新設、道路補修に防衛省から29億円近い補助金が投じられ、町財政を補ったことだろう。

防衛省は「自衛隊配備＝財政上の利点」と積極的にアピールし、予算不足にあえぐ地方自治体を揺さぶり続けてきた。最近では鹿児島県西之表市の馬毛島への自衛隊配備をめぐり、存分に「アメとムチ」を振るっている。

23年3月、沖縄県の石垣島に地対艦ミサイルと地対空ミサイルが運びこまれ、石垣駐屯地が開設された。同様のミサイルは19年に宮古島と鹿児島県の奄美大島にも配備され、「南西諸島のミサイル網」は完成しつつある。

石垣市民の賛否は割れ、18年12月には市民が有権者の3割を超える署名を集めて自衛隊配備の賛否を問う住民投票を直接請求したが、市議会は否決した。その市議会は23年3月20日になって「日中両国間の諸問題について外交的解決を求める意見書」を採択した。

市議会の多数派は「自衛隊は受け入れてもよいが、戦争に巻き込まれるのは御免だ」というのだ。台湾有事が発生して日本が関与すれば、まっ先に戦場になりかねないのは沖縄の離島だから不安を感じて当然だ。

それにしても基地を受け入れれば、攻撃を呼び込むことに思いは至らなかったのだろうか。平和ボケと非難できないのは、この数年の間にミサイル基地の持つ意味合いが大きく変わったからだ。

10年当時の民主党政権は「南西防衛」「島嶼防衛」を掲げて軍事力を強める中国を牽制し、南西諸島への侵攻に備えるとした。その後の自民党政権はミサイル部隊の新設を決めた。

当初、打ち出された南西シフトは「専守防衛」の枠内にあったが、現在は違う。安倍政権の下で集団的自衛権行使を容認した安全保障関連法が制定され、昨年暮れには岸田文雄首相が

「敵基地攻撃能力の保有」を閣議決定したからだ。

この間、台湾をめぐる米中の対立が顕在化した。台湾有事に際し、在日米軍が沖縄の基地から出撃すれば、その基地が攻撃されて日本有事に発展する。米軍が損耗するだけでも存立危機事態が認定されて、やはり自衛隊が参戦する可能性が高い。

振り返ると「専守防衛」のためだったミサイル基地が台湾をめぐる争いの最前線に変わったことがわかる。

石垣、宮古、奄美に配備された12式地対艦誘導弾は短射程だが、政府は飛距離を1000キロメートル以上に延ばすことを決め、対地攻撃も想定する。南西諸島から狙えば中国まで届くから発射基地が狙われるのは確実だ。

「令和の捨て石」にされる沖縄

2023年3月1日、参院予算委員会。立憲民主党の辻元清美氏は防衛省が2113億円を投じて400発購入する巡航ミサイル「トマホーク」について、政府の見解をただした。政府とやり取りする中で、驚くことに具体的な使い方は何も決まっていないことが明らかになった。

トマホークは戦争の様子が初めてテレビ中継された湾岸戦争で登場し、世界中に知られるこ

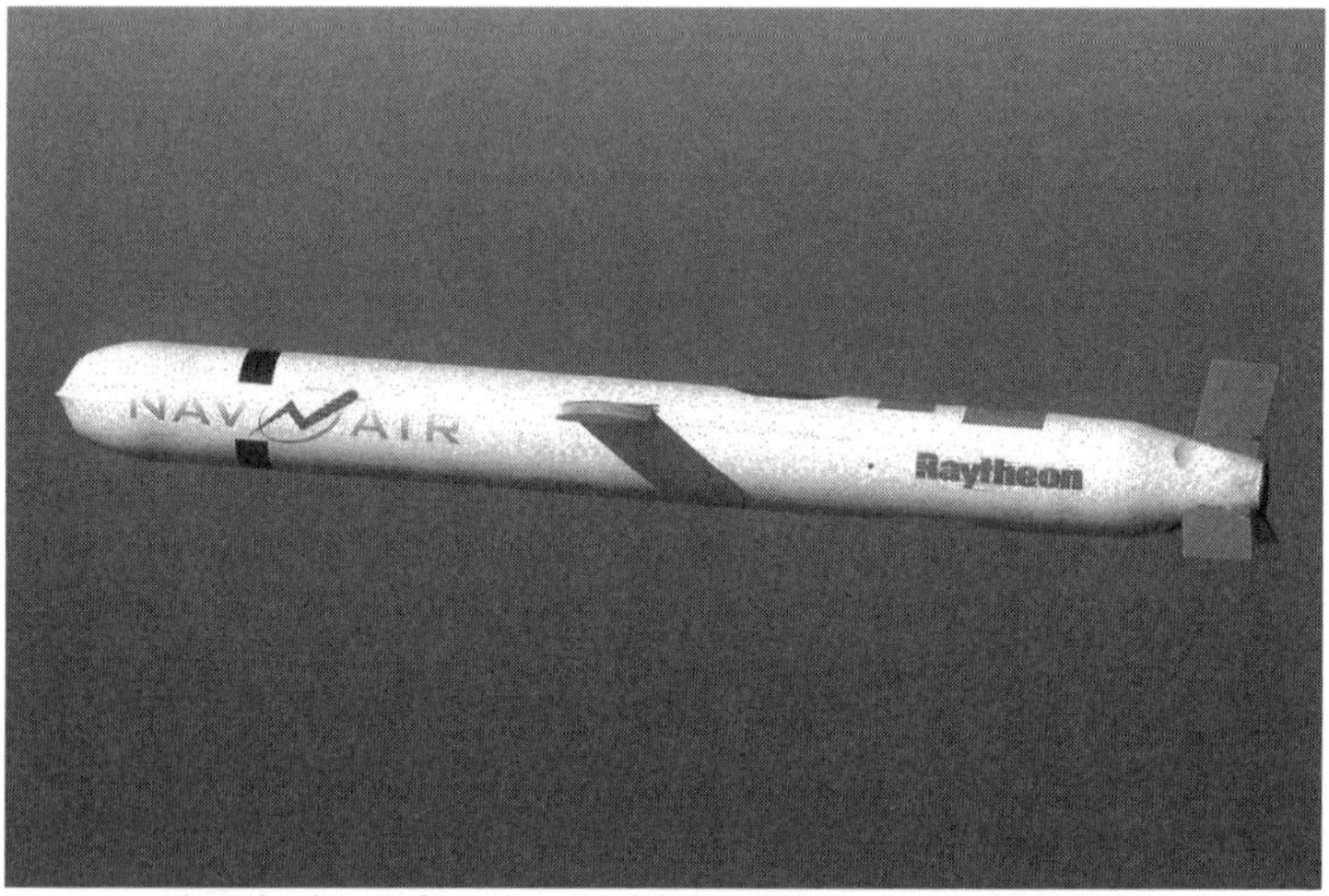

防衛省が米政府から2112億円を投じて400発購入する
巡航ミサイル「トマホーク」（レイセオン社のホームページより）

とになった。米国から届いたらイージス護衛艦に載せる。飛距離こそ長いものの、民間旅客機並みに遅く、撃ち落とされる可能性が高いため、米軍は大量に発射する。

緒戦で使われることが多く、湾岸戦争初日には122発、1998年にイラクを空爆した「砂漠の狐作戦」では250発、イラク戦争は40発だった。

「自衛隊も飽和攻撃（大量発射）するのか」とただした辻元氏に対し、岸田首相は「（敵の射程圏外から攻撃して隊員を守る）スタンド・オフ防衛能力の向上に使う」とあいまいな答えを繰り返した。「だからどう使うのか」との質問には浜田靖一防衛相が「侵攻してくる艦艇や上陸部隊を排除できる」。だが、トマホークは地上攻撃用のミサイルで、艦艇を攻撃する機能は米国で研究開発を進めている段階だ。

「例えば石垣島に上陸された。そこをめがけて撃つのか」との問いに浜田氏は「上陸しようとする部隊にはあるかもしれないが、上陸した部隊に対しては答えられない」と意味不明の回答。

防衛省は離島に上陸した敵を排除する国産の島嶼防衛用高速滑空弾を23年度から量産化する。国産ミサイルなら離島を撃てるが、トマホークでは撃てないという理屈などあるはずがない。

結局、政府はトマホークの用途を決めていないのだ。いや、使い方さえ知らずに購入することを決めたのかもしれない。参院予算委の終盤、辻元氏は「敵基地攻撃を米国と一緒にやるためにトマホークを買うのではないのか」と核心部分に触れた。「トマホークはスタンド・オフ防衛能力の一環として購入する」と繰り返す岸田首相。

辻元氏は最後に指摘した。

「国内を守るために使うか使わないかいわない。敵基地攻撃でもいわない。何のために買ったのか。安保法制（安全保障関連法）のときは制度の話をしていた。ここに実際の兵器を当てはめると必要最小限なんかではない。『専守防衛』を守れないことがはっきりした」

安倍政権が制定した安全保障関連法で集団的自衛権行使を解禁して対米従属を永久化し、岸田政権が参戦するのに必要な兵器を確定させた。あとは米国が戦争を始めるのを待つばかりとなった。

その米国は23年の年明けにあった日米安全保障協議委員会（2プラス2）で12年の2プラス2で沖縄から海外へ移転することで日米合意した第12海兵連隊を一転して残留させ、海兵沿岸連隊に改編するとした。合意文書は「再調整され……残留する」と事務的な修正のように書くが、「沖縄の負担軽減」は口先だけだったことがわかる。

政府が目指す「南西諸島の要塞化」は沖縄を戦場とすることにほかならない。4人に1人の県民が亡くなった沖縄戦の再来である。3文書には「自衛隊は島嶼部における侵害排除のみならず、強化された機動展開能力を住民避難に活用する」（国家防衛戦略）とあり、住民避難を想定する。

那覇市にはミサイル落下時などを想定した避難計画があり、106か所の避難施設を指定している。沖縄県の同計画はさらに増えて1295か所だ。

だが、沖縄県も那覇市も着上陸侵攻（他国による武力侵略）を受けた場合の対処法は、自治体の能力を超えるとして具体的に定めていない。国に頼らざるを得ないというのだ。その国は国民保護法で住民避難を地方自治体に押しつけた。「住民の犠牲はやむなし」という考えが見え隠れする。そのとき、沖縄は「令和の捨て石」になる。「二度と戦争をしない」と誓った戦後政治の矜持は、その欠片さえ残っていない。

第3章　防衛費対GDP比2%の正体

国民を騙したスタンド・オフ防衛能力の保有

安保関連3文書のうち最上位の国家安全保障戦略には「2027年度において、防衛力の抜本的強化とそれを補完する取組をあわせ、そのための予算水準が現在の国内総生産（GDP）の2%に達するよう、所要の措置を講ずる」とあり、防衛力強化とその補完にこれまで政府が目安としてきたGDP比1%を倍増させることが不可欠としている。

具体的には①スタンド・オフ防衛能力、②統合防空ミサイル防衛能力、③無人アセット防衛能力、④領域横断作戦能力、⑤指揮統制・情報関連機能、⑥機動展開能力、⑦持続性・強靱性——の7分野を抜本的に強化するのにお金が必要だというのだ。

スタンド・オフ防衛能力とは、18年に安倍政権下で改定された「防衛計画の大綱」（現・国家防衛戦略）に初めて登場した用語で「敵の射程圏外から攻撃できる能力」をいう。つまり相手よりも長射程のミサイルなどを持つことを意味する。

軍事技術の進展に伴い、各国のミサイル射程は延びる傾向にあるが、日本は「専守防衛」の制約があり、他国に脅威を与えるような攻撃的兵器を持たないことからミサイル射程も短射程にとどまっていた。

しかし、18年改定の大綱に「スタンド・オフ防衛能力の保有」が盛り込まれたのを受けて、

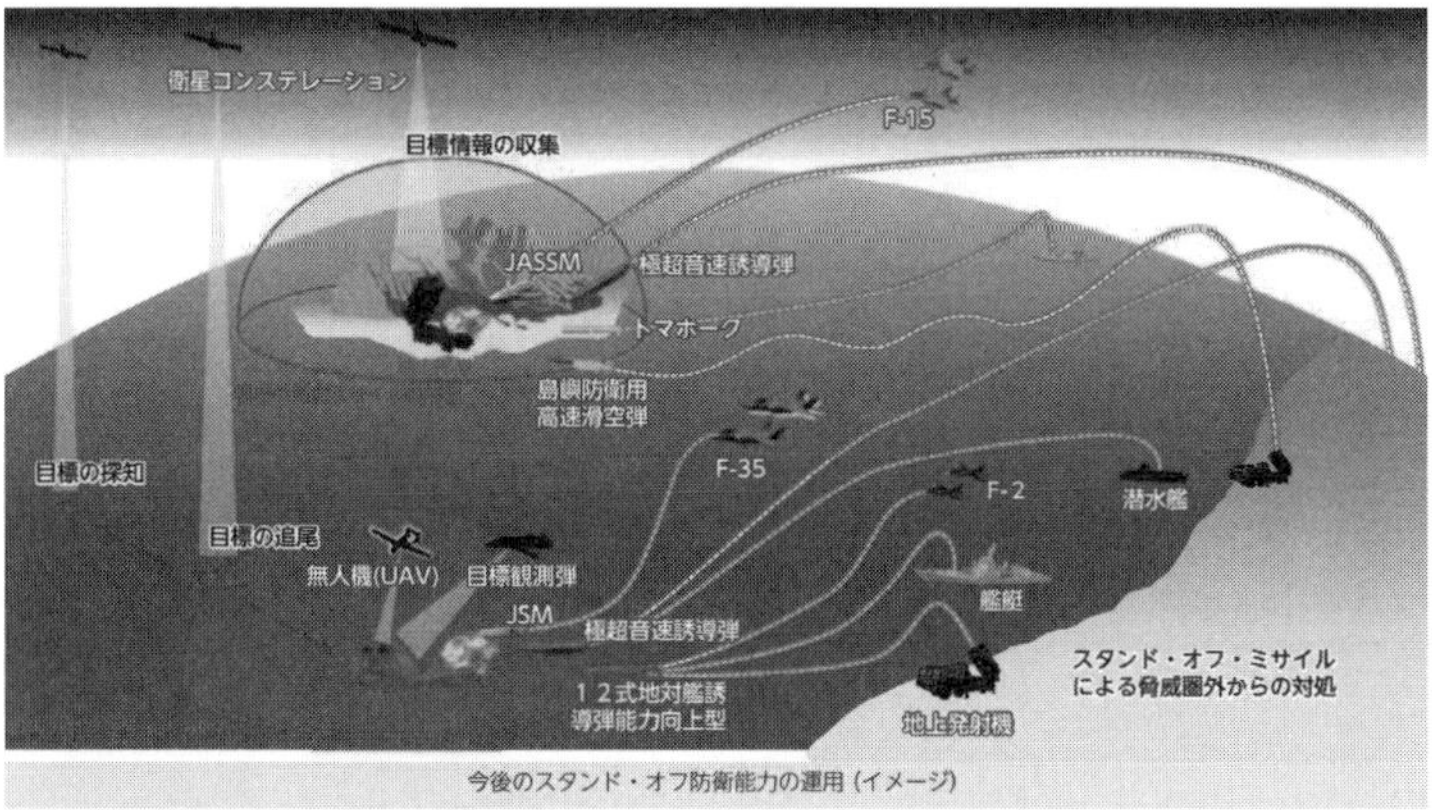

スタンド・オフ防衛能力のイメージ（2023年版防衛白書より）

航空自衛隊のＦ35戦闘機から発射するノルウェー製のＪＳＭ（射程５００キロメートル）、Ｆ15戦闘機から発射する米国製（射程９００キロメートル）のＪＡＳＳＭといった射程の長いミサイルの輸入を開始した。

20年12月には菅義偉政権が12式地対艦誘導弾の能力向上型開発を閣議決定した。射程１００キロメートル程度の短射程ミサイルを１０００キロメートル以上に射程を延長しようというのだ。日本に迫る敵艦艇を撃沈する目的の対艦ミサイルが長射程化すれば、北朝鮮や中国まで届くようになる。

閣議決定後の記者会見で「敵基地攻撃に使うことはないと言い切れるのか」と聞かれた加藤勝信官房長官は「自衛隊員の安全を確保しつつ、相手の脅威圏の外から対処を行う、わが国のスタンド・オフ防衛能力を強化するためのものであり、いわゆる敵基地攻撃を目的としたものではない」と否定した。

ところが、安倍氏は首相を辞めた後の21年11月の講演で「安倍政権において、スタンド・オフ・ミサイルという形で、具体的な能力については保持しました。この能力を打撃力、反撃能力としても行使できるようにしていくことが求められています。これは北朝鮮に対してだけではなく、南西沖についても応用できる」と本音を明かした。

つまり安倍政権でスタンド・オフ防衛能力を導入し、長射程のミサイル保有を可能にしたから、次に敵基地攻撃に使えるよう政策変更すれば、北朝鮮攻撃や台湾有事に活用できるというのだ。

岸田政権になり、「敵基地攻撃能力の保有」を閣議決定する直前になって兼原信克元国家安全保障局次長が「将来は反撃能力（敵基地攻撃能力）にしたいとの思いだった。周辺国が日本を射程に収める中距離ミサイルを持つ中、日本国民をどう守るか考えた結果だ」（11月27日東京新聞）と踏み込んだ。兼原氏は18年の大綱改定時、そして20年の12式地対艦誘導弾能力向上型の閣議決定時に安全保障政策の中心である国家安全保障局次長のポストにいた人物だ。

スタンド・オフ防衛能力やその後の長射程ミサイルの導入は敵基地攻撃をにらんだものだったことを打ち明けている。安倍氏の主張と1ミリのズレもない。裏を返せば、20年当時の加藤官房長官の発言は国民を騙したことになる。安倍氏の思惑通りに事態は進み、自衛隊の役割は「防御」から「攻撃」へと大きく軸足を移すことになった。

国家安全保障戦略は、敵基地攻撃能力を持つ効果について「武力攻撃そのものを抑止する。

その上で、万一、相手からミサイルが発射される際にも、ミサイル防衛網により、飛来するミサイルを防ぎつつ、反撃能力により相手からの更なる武力攻撃を防ぎ、国民の命と平和な暮らしを守っていく」と説く。

抑止力とは軍事力において相手国を上回り、攻撃すれば手ひどい反撃を受けるからやめておこうと思わせる程度に強力でなければならない。日本が保有する長射程ミサイルは当面、「トマホーク」の400発が中心となる。一方、中国は弾道ミサイル、巡航ミサイルを合わせて2200発を保有する。また北朝鮮は日本が導入した米国製のミサイル防衛システムでは迎撃不能な変則軌道を飛ぶミサイルを多数保有している。

中国や北朝鮮は日本の敵基地攻撃能力を恐れるだろうか。頼りにしたい米国は冷戦時に旧ソ連と締結した中距離核戦力全廃（ＩＮＦ）条約の制約により、地上発射型の射程500キロメートルから5500キロメートルのミサイルは1発も持っていない。

「敵基地攻撃能力の保有」が中国や北朝鮮に対してほとんど意味を持たないことがわかる。もちろん、両国が日本攻撃の意思を持たないことは述べてきた通りだ。新たに保有する敵基地攻撃能力は、自衛隊が海外で戦争する米軍と一体化して攻撃に参加すること以外に役立ちようがないのは自明であろう。

驚くべき米国製兵器の「爆買い」

米政府の武器輸出制度である対外有償軍事援助（Foreign Military Sales＝FMS）による米政府と日本政府との年間契約額は過去500億円前後で推移してきたが、第2次安倍政権が始まると1000億円、4000億円、7000億円と増え続け、退任した2020年度でさえ5000億円近い。10年度8・0％だった兵器の輸入比率は、19年度には3倍以上の27・8％に達した。

防衛費は歳出化経費、人件糧食費、一般物件費（自衛隊の活動費）の3つに区分される。歳出化経費は高額な兵器などのつけ払い費用にあたり、兵器ローンはこの中に含まれる。この経費の増加が防衛費を押し上げる最大の要因である。安保3文書で示したGDP比2％の根拠は防衛力強化のためという説明は、真実から目をそらす隠れ蓑でしかない。

23年度防衛費はGDP比2％への移行期にあたり、前年度より1兆4000億円以上多い、6兆8219億円を計上した。FMS契約額は実に1兆4768億円となり、前年度の3797億円から1兆円以上も跳ね上がり、過去最高額だった19年度より倍増した。

購入する兵器は、敵基地攻撃にも使う巡航ミサイル「トマホーク」（400発2113億円）に充てるほか、F35A戦闘機（8機1069億円）、F35B戦闘機（8機1435億円）、F15戦闘機の能力向上（18機1627億円）、イージス護衛艦に搭載する艦対空迎撃ミサル迎撃弾「SM3ブロック2A」（数不明595億円）、同「SM6」（同136億円）などとなっている。

防衛省は過去最高額となったFMS契約額について、値引き対象となる「まとめ買いも多い」というが、新規契約は後年度負担となって防衛費を硬直化させる原因となる。

23年度防衛費に占めるFMS契約や国内防衛産業との契約額の総額である新規後年度負担は7兆6049億円となり、対前年度比で実に262％の増加、3倍増に迫る。この新規後年度負担と過去の借金を含めた後年度負担は、10兆7174億円となり、対前年度比で182・8％も増えた。この金額が防衛省の抱える兵器ローンということになる。

11兆円近い兵器ローン＝借金は対GDP比2％に増えた後の防衛費とほぼ同額だ。今後の防衛費は借金返済に終われる「自転車操業」となり、将来、必要性が生じた場合、補正予算を当て込まざるを得ない。もっとも安倍政権から始まった米国製兵器の「爆買い」により、防衛省の補正予算はもっぱら兵器購入に充てられ、災害などの緊急事態や経済情勢の悪化に対応すべき補正予算の趣旨から逸脱して久しい。

当初予算と補正予算を合算すれば、いずれ対GDP比2％を上回る日が来る。過去最高額となったFMS契約は、防衛費を倍増させるにとどまらず、さらに上乗せできるよう防衛省が仕組んだ「未来への罠」といえる。

だが、FMSには問題が多い。FMSとは米国の武器輸出管理法に基づき、①契約価格、納期は見積もりであり、米政府はこれらに拘束されない、②代金は前払い、③米政府は自国の国益により一方的に契約解除できる——という不公平な条件を受け入れる国にのみ兵器を提供する仕組みだ。

売り手と買い手の双方が納得して契約する一般的な商売と異なり、購入する側に著しく不利な内容だが、高性能の兵器が欲しい国は甘んじてFMSを受け入れる。世界一の武器輸出大国でもある米国は160か国以上とFMS契約を結んでおり、日本も例外ではない。

日本の会計検査院は過去、予定時期を過ぎても納入が終わっていなかったり、納入後も米国から最終計算書が届かなかったりするなどFMSの複数の問題点を指摘している。防衛省によると、21年度時点で123億円分の装備品が未納入で、400億円分が未精算という。

検査院は、調達が増えたF35A戦闘機について、1機当たりの日本の調達価格を契約内容から算出し、米国が公表した自国向けの調達価格との比較を試みた。

日本が完成品を米政府から輸入した12年度の価格は約1・2億ドル（当時の円換算で約97・7億円）で米国より10億円以上、高かった。日本企業が機体の組み立てを始めた13年度には約1・5億ドル（同129・6億円）に跳ね上がり、米国との差は4倍の46億円に拡大した。

米政府は仕様の違いや開発分担金が日本側に上乗せされた結果と説明しているが、検査院は「調達等の実施状況について、今後とも多角的な観点から引き続き検査していくこととする」として監視を続けることを結語としている。

ＦＭＳは以前から価格が不透明、また前金で支払っても現物が届かないなどの問題が山積。そのＦＭＳ契約額を過去最高額に引き上げた防衛省。米国製兵器の「爆買い」を通じて省益をさらに拡大したい思惑が透ける。

「安倍案件」を支えた防衛官僚と実弟

米政府と結んだＦＭＳで購入する兵器のうち、超高額なのはミサイル迎撃システム「イージス・アショア」だろう。秋田市と山口県萩市への配備が決まっていたが、第１弾ロケットのブースターを安全に落下させられないことがわかり、20年６月の国家安全保障会議で正式に導入断念を決めた。

防衛省は契約解除を検討したが、イージス・アショアは17年当時、首相だった安倍氏が当時のトランプ米大統領に米国製兵器の大量購入を迫られ、導入を閣議決定した肝いり案件である。契約を解除すれば、米政府に支払い済みだった１９６億円が無駄になるだけでなく、巨額の違約金を取られる可能性があった。何も届かないのに巨費を米政府に支払えば、責任問題に発展する。導入の経緯から安倍氏が追及の矢面に立たされるおそれがあった。

そこで防衛省は高橋憲一事務次官、安倍首相の秘書官を６年半も務めた後、防衛省に戻り、官房長になっていた島田和久氏という省内ナンバー１、２コンビの下で「地上イージス」を

イージス・システム搭載艦のイメージ（2023年版防衛白書より）

「洋上イージス」に置き換える荒技を進めた。

　地上に置くべき巨大レーダーを船に載せるのだから無理がある。洋上イージスこと「イージス・システム搭載艦」は丸々と太った艦艇となり、まともな作戦行動ができないほど巨大化した。そして小型化が再検討されている。

　海上自衛隊の現場トップ、自衛艦隊司令官を務めた香田洋二元海将は「陸上から海上へ、大型艦を小型化へと二転三転するイージス・システムは、まさに政治的な迷走の象徴です」（22年12月23日朝日新聞）と批判した。

　香田氏は23年1月に上梓した書籍『防衛省に次ぐ』（中公新書ラクレ）の中で、香田氏が海上幕僚監部で防衛力整備を担当した際、イージス護衛艦の構想から建造決定まで「足掛け6年を費やした」と書いている。それと比べると意思の決定や転換が猛烈に早く、拙速な印象は否めない。

「イージス・システム搭載艦」はレーダーを米海軍の最新版「SPY6」に合わせることなく、日本向けの「SPY7」としたことで開発経費や運用経費を米国と分担できるスケール・メリットを失った。今後のバージョンアップも米政府の提示する金額を払い続けるので多額の出費が予想される。

香田氏はレーダーに伴うコスト増を「数千億円単位」と見込み、「一体、この責任はだれが取るのか。おそらく誰も取らない」「いい加減なやり方で国民の目をくらませようとするのではないか」と指摘し、そしてこう断言している。

「今のまま防衛費を対GDP比2%に増やしても防衛力強化につながらない」「政治と自衛隊の間で意思疎通できていなければ、自衛隊が有効に機能することはない」

経験も良識もある元将官の魂の叫びが政治には届かない。もどかしさが募るのは筆者だけだろうか。

洋上イージスを検討途中の20年8月、島田氏が事務次官に昇格し、高橋氏は内閣副官房長官補に栄転した。高橋、島田両氏の人事は、省内では「イージス・アショアをつなぎ止めた論功行賞」と受け止められた。

安倍氏を支えたのは官僚だけではない。菅義偉内閣の下で安倍氏実弟の岸信夫氏が初入閣し、防衛相の職に就いた。20年9月25日、防衛省であった記者会見で、洋上イージスには「契約済みのレーダーを活用することが合理的ではないか。契約を維持していく」と述べ、安倍路線の忠実な継承者を印象づけた。

安倍氏は首相辞任するタイミングで実弟を防衛相として送り込み、気心の知れた官僚に防衛政策を任せた。米国と約束した「爆買い」路線を破綻させない政官の枠組みがつくられたのである。

見てきた通り、防衛費を増やす一番の要因は米国製兵器の「爆買い」にある。必要性が疑問視されるのは「イージス・アショア」だけではない。

高高度から地上を監視する無人偵察機「グローバルホーク」は、陸海空の3自衛隊ではなく官僚組織の内部部局（内局）が導入を提案し、予算化された。イージス・アショアも同様に内局要求である。一流大出の官僚が揃う内局は、安全保障政策を策定する必要性から与党政治家との接点を持つ。その政治家の中で最も影響力が大きいのはいうまでもなく首相である。

グローバルホークは当初、3機510億円で契約を結んだが、米政府が部品枯渇を理由に629億円に値上げを通告してきた。防衛省には契約の25％を超えるとキャンセルできる内規があるが、119億円の値上げは23％にとどまる。防衛官僚によると、それでも見直す必要があるとして上申したところ、当時の稲田朋美防衛相は「首相案件なのよね」と答え、結局、導入継続が決まったという。

米政府からＦＭＳで購入した滞空型無人偵察機「グローバルホーク」
（ノースロップ・グラマン社のホームページより）

３機の維持管理費は年間１２０億円、うち30億円が来日する米人技術者40人の生活費だ。一人あたり年間７５００万円もの生活費を防衛省が負担することが妥当であるはずがない。

３機のうち２機は22年３月、残る１機は23年６月に青森県の航空自衛隊三沢基地に届いた。その前の21年７月、米空軍は「旧式の機体では直面する中国の脅威に対応できない」として保有する旧式の「ブロック30」を20機すべて退役させると発表。日本の届いたのは、米軍がお払い箱にする「ブロック30」である。しかもグローバホークは陸上偵察機だ。周囲が海ばかりの日本でどう活用しようというのか。

海上自衛隊は23年度から青森県の八戸基地で洋上監視用の無人偵察機「シーガーディア

ン」の試験運用を開始した。同基地では、先行してシーガーディアンの運用を始めた海上保安庁と連携するのでコスト面、運用面の効果が期待される。

費用対効果を考えたときにグローバルホークとシーガーディアンという2種類の無人偵察機を併せ持つのではなく、シーガーディアン1機種に絞るべきではないだろうか。

日本防衛の役に立つとは到底、思えない兵器を米政府に押しつけられ、唯々諾々と言い値で購入すること自体を異常と思わない政治家や防衛官僚の非常識ぶりにはあきれるほかない。

不具合を抱えて飛ぶオスプレイ

米海兵隊は23年7月、米カリフォルニア州で22年6月に起きた乗員5人が死亡した垂直離着陸輸送機「オスプレイ」の墜落事故について、エンジンとローター（プロペラ）をつなぐクラッチの動作不良が原因と発表した。

オスプレイは開発段階から墜落事故が相次ぎ、23年8月にオーストラリアで墜落して3人が死亡した事故を含めると開発段階から合計57人の米兵が亡くなっているが、原因は操縦ミスとされ、カリフォルニアの事故原因が機体の不具合と公表されたのは異例だ。

同型のオスプレイを運用している米空軍は22年8月、やはりクラッチの不具合を理由に保有する全52機の飛行を停止した。東京の横田基地に配備された6機も飛行を取りやめ、千葉県の

陸上自衛隊の垂直離着陸輸送機「オスプレイ」
（陸上自衛隊の facebook より）

陸上自衛隊木更津駐屯地に配備されている自衛隊版オスプレイも飛行を見合わせた。

米空軍は解決策は不明としていたにもかかわらず、1か月後に飛行を再開した。先行してオスプレイを運用する米海兵隊が操縦士の再教育とエンジン交換で対応しており、これに追従した。すると防衛省も木更津での飛行を再開させた。

米海兵隊はクラッチの不具合に起因する墜落事故は一件もないとしてきたが、カリフォルニアで起きていたことになる。根本的な改修について、米国防総省国防分析研究所のレックス・リボロ元主任分析官は「連結クラッチの設計に欠陥があった」とし、制約が多く、再設計は容易ではないとの見解を示した（23年7

月25日沖縄タイムス)。

根本的な改修はできず、常に墜落の危険を抱えた日米のオスプレイが日本の上空を飛ぶ。オスプレイは沖縄の米海兵隊普天間基地に24機、横田基地に6機、自衛隊版は木更津駐屯地に14機(最終的には17機)配備されている。木更津配備は暫定であり、防衛省は佐賀空港に隣接する土地を購入し、24時間体制で建設工事を進めている。危険は首都圏から九州へと移ることになる。

自衛隊へのオスプレイ導入は異例の経過をたどった。兵器はユーザーである自衛隊が選定するが、10年先の安全保障環境を見通して策定する「陸上自衛隊長期防衛見積り」にオスプレイの名前はなかった。陸上自衛隊はオスプレイの2倍以上の人員や物資を空輸できるCH47大型ヘリコプターを55機も保有していたからだ。

導入することになったのは、米海兵隊が沖縄配備を進めた12年当時、沖縄から上がった配備反対の声に対し、民主党政権の玄葉光一郎外相が「安全性を訴えるため自衛隊も保有すべきだ」と提案、森本敏防衛相が同調して調査費を計上、これを安倍晋三政権が引き継ぎ、導入を決めたことによる。

「沖縄の民意」より「米軍の意向」を優先した政治判断である。17機の導入費用は約3600億円。ガラクタに大金をつぎ込み、日本の富を米国に移し替えたことを意味する。

製造元のボーイング社のホームページには顧客として、日の丸と星条旗が並ぶ。開発した米国と「お得意様」の日本以外に買った国はないことを示している。世界中に軍隊はあるが、どの国の政府も兵士や国民の命を大切に考えるから購入を控える。日本の対米追従は異常というほかない。

始まった大盤振る舞い

防衛費の対GDP比2％への倍増は、綿密な将来見通しの上に立っているのか大いに疑問がある。安保3文書は国産の12式地対艦誘導弾能力向上型、島嶼防衛用高速滑空弾、極超音速誘導弾というミサイル3種を同時開発するとある。このほか3文書に名前は出てこないが、防衛省は島嶼防衛用新対艦誘導弾というミサイルの要素研究を始めている。

12式地対艦誘導弾能力向上型の開発、生産は三菱重工業が受注した。もともと12式は、原型となる三菱重工製の88式地対艦誘導弾を改良したもので88式がSSM1と呼ばれたのに対し、SSM1改と呼ばれた。

SSM1改の開発段階にあった2004年、同社は必要な強度試験を行わないまま試射を実施。その事実を防衛省に伏せていたが、内部通報で発覚、防衛省が調べたところ、異なる内容の強度試験を行っていた事実のほか、設計の不備や評価書の誤記など12か所のミスが見つかった。

長射程化が閣議決定された12式地対艦誘導弾
（陸上自衛隊のホームページより）

その後も不具合や3か所のミスがみつかり、SSM1改の納入が遅れたことから防衛省は上限2億円とする延納金を請求、さらに2週間の競争入札指名停止処分とした。

SSM1からSSM1改への改良は短射程ミサイルから短射程ミサイルへの移行だが、射程を10倍にも延ばす能力向上型は新型ミサイルを開発するのに等しい。予定する26度までに納入可能だろうか。同年度には同社が受注した島嶼防衛用高速滑空弾（早期装備型）の配備も始まる予定だ。

一方、FMSで2113億円を投じて米政府からまとめ買いする「トマホーク」はやはり26年度に配備予定となっている。

国産2種類のミサイルとトマホークが同年度に納入される理由として防衛省は国産

ミサイルの開発が遅延したり、量産が間に合わなかったりする可能性があることを挙げる。安保3文書で保有を明記しながら配備遅れが想定されるので保険としてトマホークを購入するというのだ。国産品への見積もりが甘く、ずさんな計画というほかない。

そもそも3種類ものミサイルを同時開発できるのほど技術者が三菱重工業に揃っているのか。同社は23年2月、子会社で開発していた国産初のジェット旅客機「スペース・ジェット」の開発断念を発表。3月には宇宙航空研究開発機構（JAXA）とともに開発した新型のH3ロケットの打ち上げに失敗した。

防衛省は23年4月、「12式地対艦誘導弾能力向上型（地発型）の量産」「同（地発型・艦発型・空発型）の開発」「島嶼防衛用高速滑空弾の量産」「潜水艦発射型誘導弾の開発」といった4種類のミサイルについて三菱重工業と契約。第2弾として4月から6月にかけて、「極超音速誘導弾の研究」「島嶼防衛用高速滑空弾（能力向上型）の開発」「目標観測弾の開発」の3種類のミサイルをやはり三菱重工業と契約、「島嶼防衛用新対艦誘導弾の要素技術の研究」を川崎重工業と契約した。

防衛費倍増が実現し、国内の防衛産業へ向けた大盤振る舞いが始まった。24年度防衛費の概算要求にはスタンド・オフ防衛能力に7339億円の巨費が計上され、概算要求書には「外国製スタンド・オフ・ミサイルの早期取得とともに、国産スタンド・オフ・ミサイルの国内製造態勢の拡充を後押ししつつ、必要かつ十分な数量を早期に確保」とある。

それにしてもなぜ、国産と輸入で何種類ものミサイルが必要なのか、防衛省からの正式な説明はない。

23年4月28日、衆院財務金融委員会・安全保障委員会連合審査会に参考人として出席した元海上自衛艦隊司令官の香田洋二氏は「例えばスタンド・オフ・ミサイルについて、合理性、必要性、リスクを説明していない。防衛上のことでいえない、対米関係でいえないということでは私はないと思います。説明できる余地について防衛省自体が整理がされていない、あるいは官邸自体が整理がされていなくて腰だめで走っているのではないか」と疑問を投げ掛けた。

突然の防衛費倍増に舞い上がり、詳細を詰めないまま予算計上すれば、巨額の開発経費をつぎ込んで完成しない、あるいは驚くほど遅延する事態もあり得るだろう。防衛費が無駄遣いに変わる未来図が見える。

防衛費倍増は増税と赤字国債で

2023年6月、通常国会の最終版に政府が今国会の最重要法案と位置づける、防衛費増額に向けた財源確保法が参院本会議で自民・公明両党などの賛成多数で可決され、成立した。立憲民主党、日本維新の会、国民民主党、共産党など主要野党は、増税が前提になっている法案だとして反対した。

岸田文雄政権は防衛費倍増に伴い、27年度から不足する防衛費の財源を年間4兆円と見込み、不足分を補てんするために同法案を提出した。国有財産の売却益や特別会計からの資金繰り入れなど税外収入を積み立てて複数年度にわたって活用できるようにする「防衛力強化資金」の創設が柱だ。

この「防衛力強化資金」に加えて、歳出改革によって得られる資金や決算剰余金も財源に充てるが、4兆円全額を補うことはできず、不足する1兆円は税金を充てることになった。政府は所得税の税額に2・1%を上乗せして課税している東日本大震災の復興財源「復興特別所得税」のうち、1%を防衛費に転用する。本来の徴収期間は37年までだが、流用されるので期間は延長される。

そもそも政府が財源として見込む、歳出改革、決算剰余金、「防衛力強化資金」の3項目で3兆円を捻出できるだろうか。

歳出改革は文字通り改革が進めば、その後の捻出が難しくなる。また一般会計予算の使い残しを意味する決算剰余金は半分を国債の償還にあてることが財政法で規定され、残り半分は補正予算の原資になる。これを防衛費に転用すれば、補正予算を赤字国債で補うことになり、回り回って防衛費の財源は赤字国債ということになる。

当初予算の財源うち、税収は7割に過ぎず、3割は赤字国債の発行で埋めている。最初から防衛費の一部には赤字国債が含まれるとはいえ、さらに赤字国債で補てんするのは「軍事費の財源として公債を発行することはしない」（1966年福田赳夫蔵相答弁）との政府見解に反する。
また国有地の売却益を当て込む「国有地強化資金」についても未利用国有地の資産総額は4841億円（21年度現在）に過ぎず、定期借地権を利用した貸付制度で得られる収入は年間約40億円（同）に過ぎない。これを焼け石に水という。
いずれも安定財源とはいえず、結局、不足分は増税に頼るか、赤字国債の発行に頼るしかない。

増税について、政府は東日本復興特別税のほか、たばこ税を1本あたり3円増税して2000億円を捻出するという。法人税増税は所得が2400万円以下の中小企業は対象外となり、主な対象は大企業となるが、大企業でつくる経団連の十倉雅和会長は防衛費増額の財源に法人税の増税を充てることへの不満を表明している。

では、税金はどこから徴収するのか。細目の決定について、22年12月の税制改正大綱では「24年以降の適切な時期」としていたが、岸田政権は23年6月の「骨太の方針」を反映して「25年以降のしかるべき時期」に先送りすることを決めた。

筆者は25年以降に示されるのは消費税の増税ではないかとにらんでいる。消費税は1％上げれば、税収が約2兆円増える。2％上げれば約4兆円となり、27年度以降に不足する防衛費を全額、消費税増税で穴埋めすることができる。防衛費倍増を決めてすぐに手の内を明かせば、「防衛費に回すつもりだな」とすぐにばれる。国民の多くが防衛費倍増を忘れたころの25年以降に本音を明かすのだろう。

この通常国会では「防衛産業は防衛力そのもの」（浜田靖一防衛相）として、赤字で防衛部門から撤退する防衛産業の製造施設を一時的に国有化する防衛産業強化法も成立した。与党に加え、立民、維新、国民の主要野党も賛成した。

本来、自衛隊の兵器類は陸海空の3自衛隊からの購入要請があって予算化される。しかし、第二次安倍政権では政治家と接点を持つ官僚組織の内部部局（内局）の要請で予算化されたものが少なくない。政治案件と呼ばれるが、実際には首相案件にほかならない。安倍政権で目立ったＦＭＳ契約による米国製兵器の「爆買い」は米政府の懐を潤わせる一方で、国内の防衛産業を痛めつけた。

防衛省は、米政府への支払いを優先させるため、これまで最長5年だった国内企業への分割払いを最長10年に延長する支出年限特別措置法を15年4月に成立させた。支払い満了というゴールの5年先延ばしである。その結果、防衛部門から手を引く企業が増えて１００社を超え、国内の防衛産業基盤が弱体化した。

撤退した中には、分析機器大手の島津製作所、建設機械のコマツや住友重機械工業、横浜ゴム、住友電気工業、横河電機（ＯＫＩに航空機用計器事業譲渡）、三井Ｅ＆Ｓ造船（三菱重工業に艦艇事業譲渡）など著名な企業も多い。

防衛産業強化法は、撤退が進む防衛産業の引き留め策として製造工程の効率化や海外輸出などの支援を列挙。それでも事業継続が難しい場合、企業の製造施設を国が取得して保有できる「国有化」を規定した。管理運営は民間に委託するが、維持管理費は国が負担する。つまり税金で国有化した防衛産業を支えることになった。

条文には「取得施設をできるだけ早期に民間譲渡する」とあり、国有化後、別企業に譲渡することが規定されているが、防衛省がまとめた同法の基本方針は「具体的な譲渡時期は個別の事例に即して検討する」とあり、早期譲渡を義務づけていない。

採算が取れないから撤退するのに別の企業からみれば「宝の山」であるはずがない。結局、ずるずると国有化が長引き、税金の投入が増え続ける事態も予想される。23年度防衛費からの支援名目の関連経費は763億円となっているが、支援が必要な分野は「武器、弾火薬、車両、艦艇、航空機、レーダー」（基本方針）と幅広く、将来の財政負担が膨らむのは確実だ。

冷戦後、欧米では「冷戦終結の果実」として国防費を削減し、軍需産業に対して再編を促した。現在、代表的な企業は米国では5社（ロッキード・マーチン、ボーイング、レイセオン、ジェネラル・ダイナミクス、ノースロップ・グラマン）、英国は1社（BAEシステムズ）、フランスは5社（タレス、EADS、ダッソー・アビアシオン、DCNS、ネクスター）となっている。これに対し、日本は冷戦後も防衛費はさほど削減されることなく、最近11年間は逆に増加。防衛産業の集約化も進まず、日本の主要企業は7社（三菱重工業、三菱電機、川崎重工業、IHI、NEC、東芝、日本製鋼所）あり、前記3か国より多い。

下請けとなると格段に増え、戦闘機では1100社、護衛艦は8300社、戦車は1300社に上る。これだけの企業が、米政府にFMS契約で支払った兵器代の残りを分け合っているのだから、利益が出ないのは当たり前の話である。

後先のことを考えず、政権の延命ばかりを図ってきた安倍政治のツケがここに現れている。こんな法案に賛成した野党はどうかしている。

米国製兵器を「爆買い」した理由

なぜ、安倍晋三氏は米国製兵器の「爆買い」を始めたのだろうか。その謎解きをしたい。

安倍氏は第二次政権発足から丸1年が経過した2013年12月26日、靖国神社に参拝した。第一次政権では参拝せずに終わり、のちに「痛恨の極み」と語った。本人の思い、そして支持層の保守派を意識して参拝に踏み切った。

予想通り、中国、韓国の反発は激しかった。想定外だったのは米政府の反応だ。在日米国大使館の報道官が「米国政府は失望している」との声明を発表した。

翌14年1月、防衛省を訪問したバーンズ米国務副長官は小野寺五典防衛相が聞いてもいないのに「失望」の意味を説明した。「韓国との関係を良くすることが地域の情勢にとって重要だからいっているのだ」。韓国との関係が悪化すれば、北朝鮮への共同対処が困難になり、朝鮮半島情勢は不安定化する。同時に中国への接近をうながし、米韓関係を弱めかねない。いずれにしても米国の国益にならないというのだ。

同年2月、米議会調査局は日米関係に関する報告書を公表し、「安倍首相の歴史観は第二次大戦に関する米国人の認識とぶつかる危険性がある」として、靖国神社参拝に踏み切った首相に懸念を示した。

米国の行動は素早かった。同年2月7日、高知であった南海トラフ巨大地震に対処する自衛隊と米軍による日米共同防災演習を米軍が当日になってドタキャン。同10日、日本記者クラブで予定された講演会に講師のアンジェレラ在日米軍司令官は現れなかった。2月下旬から3月上旬に予定された新潟、群馬での日米共同演習も米軍がキャンセルを通告、ケネディ駐日大使のNHK出演は直前になって取りやめとなった。

慌てた安倍首相は同年3月、前年から見直すと公言していた、従軍慰安婦問題は日本側に責任があるとした「河野談話」について、「見直さない」と国会で明言。すると、ケネディ大使のNHK出演が再調整され、日米共同演習は再開された。

これら一連の「米国の報復」を報道したメディアは今日に至るまで一社もない。筆者はある国の大使館関係者から「高いレベルの日米交流以外はすべて見合せることになった」との情報を得ていたが、実際にドタキャンが連続するまで真相を確かめようがなかった。

振り返れば、第二次安倍政権の対米関係は最初からぎくしゃくしていた。12年12月に就任した直後、安倍氏は訪米を計画したが、米側は「多忙」を理由に断った。日本の首相を受け入れないとする米国の態度は極めて異例だ。

考えられる理由のひとつが、首相就任直前の同年11月、同月4日付で米ニュージャージー州の地元紙「スターレッジャー」への従軍慰安婦に関する意見広告を掲載したことである。「女性たちが日本軍によって意に反して慰安婦にさせられたことを示す歴史的文書はない」「彼女たちは性奴隷ではなく、当時世界中のどこにでもある公娼制度の下で働いていた」として、日本政府の責任を否定した。賛同者として名前を連ねた国会議員39人の中に安倍氏を含め、第二次安倍政権の5人の閣僚名があった。

オバマ大統領は、人権派弁護士として貧困層の救済を進めて高い評価を受けたことをきっかけにイリノイ州議会議員を経て、米上院議員、そして大統領に上り詰めた人物である。人権問題に敏感なオバマ氏が安倍政権に好意を寄せるはずがなかった。

米政府が安倍政権と距離をとった理由を掘り下げていくと、先の意見広告でわかる通り、安倍氏が歴史認識の見直しにこだわったことにある。安倍氏は、過去の植民地支配と侵略への痛切な反省と心からのおわびを示した1995年の「村山談話」、また慰安所設置に旧日本軍が関与したとの93年の「河野談話」の見直しを公言した。

安倍首相は、2013年4月23日の参院予算委で「村山談話」について聞かれ、「侵略という定義は学会的にも国際的にも定まっていない。国と国との関係でどちらから見るかで違う」

と答弁した。中国、韓国から批判されると安倍氏は「どんな脅しにも屈しない」と反論するに至り、米国でも安倍批判が噴出した。

米紙ワシントンポスト（13年4月26日電子版）は「歴史を直視していない」と安倍首相を批判する社説を掲載、米議会調査局は同年5月1日の報告書で首相を「強固な国粋主義者」と表現した。米国からも冷ややかな目でみられるようになり、安倍氏の下で日本は孤立への道を歩み始めた。

就任から2か月後の13年2月22日、ワシントンDCのホワイトハウス。念願の訪米が叶い、オバマ大統領と対面した安倍氏は、日本の首相として初めて集団的自衛権行使の検討を始めたことを伝えた。オバマ大統領は「日米同盟はアジア太平洋の礎だ」とごく当たり前の言葉で返してそれ以上は踏み込まず、「両国にとって一番重要な分野は経済成長だ」とかわした。

安倍氏はオバマ大統領が旗振り役の環太平洋パートナーシップ（TPP）協定への参加を検討すると踏み込んで伝えたが、オバマ氏の態度は変わらなかった。本来、日本政府が希望した1月中の日米首脳会談を米側は断り、双方の事務方がTPP参加検討について、日本側が伝えることを条件に1か月遅れの会談が実現した。いずれの首脳会談でも話し合う中身は、事前に決まっている。それでも、驚いたり、喜んだりする姿を演じて見せるのが首脳の役割である。オバマ大統領の態度は、あまりにそっけなかった。

安倍氏への冷遇ぶりは首脳会談後の共同記者会見も、米議会での演説の機会も与えられなかったことから明らかだ。安倍氏訪米の3か月後、初めて米国を訪問した韓国の朴槿恵大統領にはオバマ大統領と並んで行う共同記者会見が用意され、米議会での演説が認められた。

中国の習近平国家主席との初会談はその後の6月、オバマ大統領が西海岸のカリフォルニア州に足を運んで行われた。会談は2日間に及び、夕食などを含めて合計8時間以上となった。経済大国となり、軍事力強化を進め、米国がより理解を深めなければならない相手ではあるが、昼食を入れても1時間45分で終わった安倍首相との会談とは比べようもない。

米政府と日本政府とのＦＭＳ契約は第二次安倍政権で増え始めたとはいえ、年間１０００億円代にとどまっていた。「米国の報復」が顕在化した直後の15年度から突然、４０００億円を突破するようになり、同年度防衛費の中には、前述した「政治案件」の滞空型無人機「グローバルホーク」（１５４億円）と垂直離着陸輸送機「オスプレイ」（６１１億円）の導入費が含まれている。国防上の必要性は二の次という兵器類だ。

あからさまに「爆買い」を求めたトランプ大統領ならともかく、オバマ大統領が米国製兵器の購入を求めたという話は聞かない。オバマ政権で始まった日本政府による米国製兵器の大量購入は、安倍氏のマイナスイメージを払拭して対米関係を修復する日本側の材料だったと考えるほかない。もちろん融和策はＦＭＳだけではない。

オバマ政権の態度が明らかに変わったのは、14年7月、対米支援を色濃く反映した集団的自衛権行使を可能にする憲法解釈の変更を閣議決定し、さらに安倍氏がＴＰＰ加盟を正式に決め、翌15年4月、「日米防衛協力のための指針（ガイドライン）」を改定して地球規模で自衛隊が米軍の戦争を支援することを決めた直後のことだ。

同年4月26日から5月3日にかけての2度目の訪米では共同記者会見が用意されたのはもちろん、公式晩餐会が催され、国賓級のもてなしとなった。安倍氏はワシントンDCのほか、ボストン、西海岸のサンフランシスコ、ロサンゼルスも訪問し、国務長官、カリフォルニア州知事らとの面談や食事会を精力的にこなした。外務省のホームページには「訪問を通じて両首脳間の個人的関係が一層強化された」とある。

米国の利益になれば大歓迎し、そうでなければ儀礼的、形式的な接遇にとどまるのが米国の流儀だ。わかりやすい計算尽の国といえる。米国のご機嫌とりのために日本を丸ごと差し出し、首相への不信感を払拭する交換条件のようにして米国製兵器の「爆買い」が始まり、今日に至っている。

安倍首相が求めた「イージス・システム搭載艦」の建造

安倍氏が狙撃され、亡くなった後、首相退陣後の安倍氏に新聞記者らが行ったインタビューをまとめた『安倍晋三　回顧録』（中央公論新社）が２０２３年2月に出版された。ベストセラーとなり、同じ出版社から公式副読本まで発行された。

航空自衛隊のF35A戦闘機（航空自衛隊のホームページより）

オリジナルの『安倍晋三　回顧録』の中で安倍氏はＦＭＳによる米国製兵器の「爆買い」について、こう述べている。

「イージスアショアは、米企業製の装備品を同盟国などに有償提供する対外有償軍事援助（ＦＭＳ）制度の枠組みで最新鋭の装備として購入する予定でした。私は、それまでのトランプ大統領との首脳会談で、ＦＭＳを通じてＦ35戦闘機を１４７機購入する、イージスアショアは２基導入する、と強調してきました。『これだけあなたの国の兵器を買うんだ』と言って、米国の軍事力増強の要求をかわしてきたのです。『ありがとう、シンゾウ』とトランプに言われてきたのに、配備中止で『なんだ、買わないのか』となったらまずいでしょう」

この発言からわかるのは米国製兵器の「爆買い」が米国に対する懐柔策であることを安倍氏

が十分に認識し、活用してきたという事実である。安倍氏は「米国の軍事力増強の要求をかわしてきた」というが、軍事力には武器の保有が含まれる。次々に購入を決めたのだから「米国の軍事力増強の要求に従ってきた」というべきだろう。それでは自慢話にはならないが……。

直前のページに河野太郎防衛相がブースターの落下問題を理由にイージス・アショア配備中止の相談に来たものの、「問題は、断念を決めた後でした」「米国とはまったく調整していなかったのです」と河野氏を批判する言葉があり、配備が「吊るした状態だと苦しい説明をしなければならなかった」と続く。「苦しい説明」をする相手は当然、米国である。イージス・アショアを契約解除することなく、イージス・システム搭載艦に衣替えしたのは安倍氏本人の意向だったことがわかる。

これを受けて、「3章　防衛費対GDP比2％の正体」の「『安倍案件』を支えた防衛官僚と実弟」の通り、防衛省の官僚たちが「地上イージス」を「洋上イージス」に置き換える荒技を進めた。

その弊害が現れている。23年8月、防衛省は24年度防衛費の概算要求を公表する中で、イージス・システム搭載艦の建造費が1隻約3950億円になると発表した。導入を決定した20年当時、1隻あたり2400～2500億円以上と説明していたから1・6倍に高騰したことになる。イージス・アショアは1基約1260億円とされたので1隻あたり2690億円も高く、実に3・1倍だ。単純な比較はできないが海上自衛隊の多機能護衛艦「FFM」ならイージス・システム搭載艦1隻の建造費で4・5隻建造できる計算になる。

防衛省は高騰の理由として円安や資材費などの値上がりを挙げるが、一番の理由は艦の設計作業を進めた結果、当初より大きさが1・5倍になったことだという。寝言をいってもらっては困る。地上配備を前提に設計された巨大レーダーをそのまま乗せれば、艦自体が巨大化するのは分かりきっていた話だ。

防衛省はこのイージス・システム搭載艦に米政府から購入する巡航ミサイル「トマホーク」と国産の12式地対艦誘導弾能力向上型（艦発型）も搭載する。弾道ミサイルを迎撃する防御のための艦艇を敵基地攻撃にも使うのだから運用構想などないに等しい。各種ミサイルを積んで文字通りの満艦飾。やけくそにしか見えない。

「トランプ大統領が怒るからイージス・アショアはキャンセルしない」という政治主導の結果がこれだ。建造費の高騰だけでなく、日本向けの特性レーダーを搭載することから維持管理費が天井知らずになるのは確実である。数年後に完成するのは戦艦「大和」もびっくりの巨大艦艇であり、海上自衛隊の足を引っ張るお荷物である。

また安倍氏のいうF35戦闘機147機の購入は、18年12月の閣議で決定した。航空自衛隊の保有するF15戦闘機のうち、近代化改修が困難な約100機をF35Aに置き換え、さらに「いずも」型護衛艦の空母化に伴い搭載するF35Bを42機購入する。

当時、東京新聞の防衛省担当だった筆者はF15の買い換えが突然、首相官邸から降りてきて防衛省幹部らが驚いていたことを覚えている。かつては老朽化し、保存のために油漬けしていた機体もあるT33練習機の廃棄を大蔵省が許さず、結局、墜落して2名の操縦士が亡くなった悲劇さえある。それがどうだ、米国から新しい戦闘機を買うことにより玉突きとなって現役戦闘機の退役が決まった。この買い換えが政治主導であることを安倍氏は前記のインタビューの中で「FMSを通じてF35戦闘機を147機購入する」と自慢げに話している。

まだ使える戦闘機を100機も棄てるのだから、使用可能な部品は山のようにある。それが後述するF15のエンジンを輸出する防衛装備移転三原則の見直しにつながるのだ。安倍氏は死してなお、日本の安全保障政策に強い影響力を与え続けている。

強権で放送法の解釈を変更

2014年、安倍晋三政権は7月に集団的自衛権の行使容認を閣議決定した。翌年には、この政策の大転換を法制化するための安全保障関連法の審議をみすえていた。9月の内閣改造後は「政治とカネ」の問題が浮上。閣僚だった小渕優子氏と松島みどり氏はダブル辞任に追い込まれた。そんな緊迫した政治状況が走る中の11月18日夜、安倍氏は記者会見を開き、衆院の解散を表明した。

その足でTBSの報道番組「NEWS23」に生出演。番組では景気回復について街頭インタビューが流れ、「アベノミクスは感じていない」といった批判的な声が紹介された。賛成する意見も取り上げられたが、安倍氏は不快感をあらわにした。

「街の声ですから選んでおられると思いますよ」「事実6割の企業が賃上げしているんですから。これ全然、声反映されていません。おかしいじゃないですか」

番組が終わり、自民党から露骨な「横やり」が入ったのは、2日後の11月20日。萩生田光一総裁特別補佐官と福井照報道局長の連名で在京テレビキー局各社に対し、街頭インタビューについて「公平中立、公正を期していただきたい」など、番組の構成に細かく注文をつけた。

続いて26日には個別番組に対して公平中立を求める文書を出した。テレビ朝日の「報道ステーション」が報じた内容について「アベノミクスの効果が大企業や富裕層のみに及び、それ以外の国民には及んでいないかのごとく断定する内容」と批判した。

同日から首相官邸と総務省との間で放送法の解釈をめぐるやり取りが始まった。その一部始終は、9年後の23年3月になって立憲民主党の小西博之参院議員が入手した総務省の内部文書78枚が公表されて明らかになる。

官邸側の主人公は、首相補佐官で参院議員の礒崎陽輔氏。総務省との間で4か月間にわたり、放送法の解釈変更を迫った様子が克明に記されている。

「何をいっているのか分かっているのか。官房長官に話すかどうかは俺が決める話。局長ごときがいう話では無い」「俺の顔をつぶすようなことになれば、ただじゃあ済まないぞ。首が飛ぶぞ」「この件は俺と総理が二人で決める話」

安倍首相の威光をチラつかせて、総務官僚に恫喝まがいの言葉を投げつけている。首相秘書官を務めていた総務省出身の山田真貴子氏は「総務省としてここまで丁寧にお付き合いする必要があるのか疑問」「今回の話は変なヤクザに絡まれたって話ではないか」と述べていたことも記録されている。

けしからん番組は取り締まる──礒崎氏の主張はこの一点に尽きる。しかし、放送法第4条の「政治的公平」について、政府は従来、一つの番組ではなく、放送事業者の番組全体で判断するとの見解を示してきた。放送局全体で「政治的公平」であればいいという考え方だ。

事態が動くのは翌年、安全保障関連法案が国会上程される3日前の15年5月12日だった。高市早苗総務相が参院総務委員会で「一つの番組のみでも極端な場合は一般論として政治的に公平であることを確保していると認められない」と放送法の解釈を変更する答弁を行った。

この重大な路線変更がなぜ行われたのかは謎だったが、公開された総務省の内部文書により、この答弁が礒崎氏らの意向に沿ったものだったことが判明した。放送局に対する事実上の検閲や言論弾圧に道を開き、民主主義を崩壊させかねない極めて危険な考え方だ。

安全保障関連法案の国会上程後、安倍首相のメディア対応は露骨になった。フジテレビや日本テレビ、大阪の読売テレビといった保守色の強い民放テレビ局に積極的に出演して法案の説明をする一方、テレビ朝日、ＴＢＳに出演することはなかった。厳しい批判を繰り広げるテレビ局は排除して、安倍氏の主張をひたすら垂れ流すテレビ局ばかりに出演したのである。

すると同年11月、文芸評論家の小川榮太郎氏や作曲家のすぎやまこういち氏、タレントのケント・ギルバート氏ら「安倍応援団」が設立した「放送法遵守を求める視聴者の会」が「NEWS23」とキャスターの岸井成格氏を攻撃する全面の意見広告を読売新聞と産経新聞に掲載した。

こうした一連のテレビ局攻撃の中で、翌12月には「報道ステーション」で政権批判を続けてきたメインキャスター、古舘一郎氏の降板が決定、年明けの16年1月には、14年に菅義偉官房長官に厳しく質問を浴びせたことで官邸を激怒させた「クローズアップ現代」のキャスター、国谷裕子氏の降板が発表された。

そして3月末には岸井、古舘、国谷という安倍政権に睨まれ続けてきたキャスターが、同月末をもって一斉にそれぞれの番組から消えることが決定した。

報道番組が「死に体」となったテレビ局に引導を渡したのは同年2月8日、高市氏が国会で「放送局が政治的な公平性を欠く放送を繰り返したと判断した場合、放送法第4条に違反するとして、政府は『電波停止』を命じる可能性がある」と宣言したことだ。

日本の場合、放送局は5年に一度、総務相から放送免許の更新を受けなければならない。今回の高市発言のように政府が気に入らないことがあれば、放送法を盾にして更新拒否や免許取り消しをチラつかせることができる仕組みだ。米国はFCC（連邦通信委員会）、英国はオフコム（Ｏｆｃｏｍ＝情報通信庁）という政府から独立した機関がテレビ局を監督するのに対し、日本は直接、総務省が監督する。この制度が続く限り、政府によるテレビ局支配が終わることはない。

その後、テレビ局の選挙報道から街頭インダビューが消え、政権に厳しいコメントをしていたジャーナリストや大学教授らが出演する場面は激減し、政策を正面から議論をする番組が消えた。ＮＨＫを含むテレビ局各社で人事異動が行われ、番組制作の現場は上層部が自民党からにらまれないよう忖度を求められるようになった。首相の一日をまとめた新聞の首相動向にはテレビ局や新聞社の論説委員らが首相と会食した記録がひんぱんに掲載された。

現在のテレビは並んだ雛壇芸人がお笑いで時間つぶしするか、素人同然のポッと出のタレントが上から目線で政府に同調する意見を述べる大政翼賛的な番組ばかりとなった。また人の本能を刺激する、食べ物番組がない日を探すのは難しい。

安全保障関連法案の国会審議では12万人（主催者発表）の人々が国会前を埋めたのに対し、「敵基地攻撃能力の保有」を決めた閣議決定では少数グループが反対の声を上げるにとどまった。テレビが情報を伝えず、むしろ伝えるべき情報から人々を遠ざけて政府が考える通りの愚民化政策を押し進めた影響が出ていないだろうか。

権力者から与えられる「パン（＝食糧）」と「サーカス（＝娯楽）」によってローマ市民が政治的無関心になっていったのと同様に「パンとサーカス」を与えるのがテレビ局の仕事に変わり

果てた。

放送法の解釈変更が浮上した14年12月には15年度防衛予算案が閣議決定され、ＦＭＳ契約は14年度より２０００億円近くも多い４７０５億円となった。その後、７０００億円を超え、22年暮れの防衛費倍増の閣議決定を受けて23年度防衛費では１兆４７６８億円にも膨れ上がった。

これまで説明した通り、これらは兵器ローンとなって将来の防衛費を圧迫する。ＧＤＰ比２％では終わらない仕組みがつくられたにもかかわらず、その問題を指摘し、疑問を呈するテレビ局、新聞社は一社もない。翼賛メディアが太平洋戦争の隠れた推進役だった戦前・戦中へと日本は先祖返りしつつある。

第4章　安倍政治を継承する岸田首相

安倍氏が目指した「戦後レジーム」からの脱却

これまで故安倍晋三氏の「亡霊」が岸田文雄首相を走らせ、その尻拭いを含め、安倍政治を継承して安全保障政策を大転換した流れをみてきた。もちろん岸田氏の功名心や出たとこ勝負といった性格が複雑に絡み合い、その結果としてすべての国民を乗せた「日本丸」の航路には暗雲が漂っている。

ここで安倍政治とは何だったのか、憲法改正と安全保障政策の変更に焦点を当てて、振り返ってみたい。

安倍氏の体内には、尊敬する母方の祖父で憲法改正を目指しながらもなし遂げられなかった岸信介元首相の思いが流れていた。２００６年から07年まで1年の短命で終わった第一次安倍政権では、戦後の歩みを全否定する「戦後レジームからの脱却」を掲げ、改憲へと導こうとした。

最初に手がけたのは憲法との関係が表裏一体の特別な法律である教育基本法の改正である。明治時代から太平洋戦争が終わるまで国民に浸透していた教育勅語は、国と皇室に忠義を尽くせ、と命令を並べたてて天皇のために命を捧げる国民をつくり上げた。敗戦後、教育勅語が廃止され、戦争放棄を定めた日本国憲法が誕生すると間もなく、教育基本法が施行された。

前文で日本国憲法の意味について触れ、「この理想の実現は、根本において教育の力にまつべきものである」とあり、平和憲法を根付かせるための法律であることを明記している。

安倍氏が教育基本法を変えた理由はここにある。憲法改正のためには、現行憲法の実現を目的に掲げた教育基本法は邪魔者でしかない。この法律の改正を将来の改憲のための呼び水にしたいと考えたのである。改正された教育基本法の教育目標に「国を愛する態度を養う」ことが加えられ、「我が国の伝統と文化」「愛国心・郷土愛」「公共の精神」が強調された。教育を受ける子どもたちに戦前・戦中の日本への先祖返りを促す内容となった。

次に間髪を入れることなく、防衛庁を防衛省に昇格させた。内閣府の外局に過ぎない「庁」から「省」への格上げは、防衛省・自衛隊を国家機関として重く位置づけたことを意味する。自衛隊の役割が内向きの「専守防衛」から外向きの「海外における武力行使」に変わることを視野に入れた組織改編といえた。

教育基本法の改正、防衛省昇格に続いて、次に踏み切ったのが国民投票法の制定である。憲法の規定から、改正は国民投票を避けて通れない。安倍氏は手つかずだった国民投票手続きの大枠を定めた。

ここまで進めたところで安倍氏は「お友だち内閣の不祥事」や「消えた年金問題」の責任を問われて参院選で惨敗し、行く手に暗雲が立ち込めたところで政権を放り出し（後に持病の悪化と語っているが）、退陣した。

その後、民主党への政権交代があったものの、国民の気持ちが民主党から離れたとみるや、再び自民党総裁に返り咲いた安倍氏は地金をあらわにする。12年12月の衆院選挙で「憲法改正して『国防軍』をつくる」「集団的自衛権行使を容認する」とあらためて、第一次内閣で積み残した改憲を訴えた。

再び首相の座についた安倍氏は13年7月の参院選挙で憲法第96条改正を公約に掲げると公言。96条は改憲規定を定めた要件で、衆参両議院の総議員の3分の2以上の賛成で、国会が改憲を発議するという規定を法律制定と同じ過半数に引き下げようというのだ。

スポーツに例えれば、選手たちが自分たちのやりやすいルールに変えるのと同じことで、3分の2規定を過半数に引き下げるのは、本来なら手間も時間もかかる競技を短時間で終わらせるためのルール変更にあたる。手始めに、改正へのハードルをまず下げてしまおうという提案には、改憲を否定しない人たちからも「裏口入学だ」との批判が噴出。安倍氏も引っ込めざるを得なくなった。

13年7月にあった参院選挙の投開票翌日の記者会見で、安倍首相は「腰を落ち着けて進めたい」と述べ、ただちに改憲に踏み切ることを見合わせるとした。そして「集団的自衛権の行使容認は引き続き、議論を進める」として、休眠状態にあった「安全保障の法的基盤の再構築に関する懇談会」(安保法制懇)での議論を再開する考えを示した。

安保法制懇は第一次安倍政権で、安倍氏の考えに近い大学教授や元官僚ら13人が招集され、

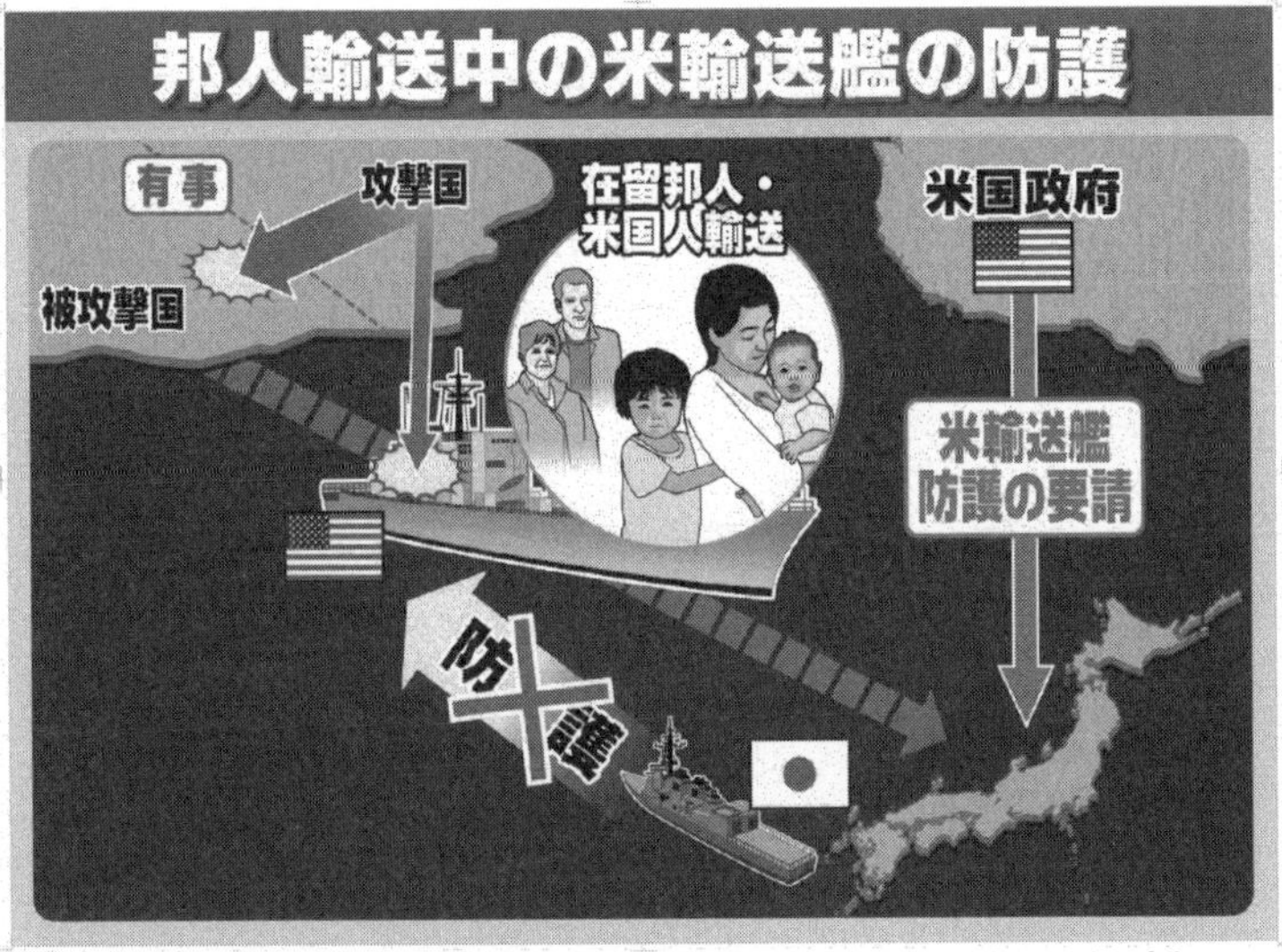

安倍首相が集団的自衛権行使の必要性を訴えるために活用したパネル
日本人母子が米輸送艦で日本に運ばれてくる図
（首相官邸のホームページより）

安倍氏の退陣後、福田康夫首相に集団的自衛権行使に踏み切るべきだとの報告書を出したが、福田氏は「憲法解釈の変更なんて頼んでいない」と棚上げした。再招集で1人追加されたものの、残り13人は前回と同じ顔ぶれなので、新たな報告書の骨格が変わるはずはなかった。

14年5月15日、安保法制懇は「集団的自衛権行使を容認するべきだ」という報告書を安倍氏に提出した。すると、安倍氏はこの日のうちに首相官邸で記者会見を開いた。壇上には絵が描かれた大きなパネル。絵には、朝鮮半島などで戦争が起こり、米軍の輸送艦に乗った日本人の母子が日本を目指すものの、集団的自衛権行使にあたるので自衛隊の護衛艦は、この輸送艦を守ることかできないという意味が込められていた。

安倍首相はパネルを指して「まさに紛争国から逃れようとしているお父さんやお母さんや、おじいさんやおばあさん、子供たちかもしれない。彼らが乗っている米国の船を今、私たちは守ることができない」と熱弁を振るった。

この説明が奇妙なのは、米軍が日本人を軍艦に乗せて救助した事例が過去に1件もないからだ。14年10月3日の衆院予算委員会で辻元清美氏は「今までの戦争で、アメリカの輸送艦によって日本人が救助された、救出された案件はありますか」とただしたのに対し、岸田文雄外相は「過去の戦争時に米輸送艦によって邦人が輸送された事例、これはあったとは承知しておりません」と答えている。

過去に1件もなかったにもかかわらず、米軍による日本人輸送が常態化しているかのようなパネルをつくり、首相自ら「彼らが乗っている米国の船を今、私たちは守ることができない」と訴えるのは詐欺的だと批判されても仕方ない。

同年7月1日夕、安倍氏は臨時閣議を開き、集団的自衛権を使えるようにするための憲法解釈変更を決定した。閣議決定にあたり、政府は集団的自衛権の行使を禁じた1972年の政府見解を引用した。

72年見解は自衛権について、①自国の存立のための行使は禁止されていない、②憲法上、必要最小限度の行使にとどまる、③したがって他国防衛を目的とする集団的自衛権の行使は憲法上、許されない、との論理構成になっている。政府は①と②の論理は維持しながら、「他国への攻撃であっても自国の存立が脅かされる事態」、つまり存立危機事態であれば例外的に武力行使できる、集団的自衛権の行使は条件付きで認められるとした。

それまで政府は「我が国が国際法上、集団的自衛権を有していることは、主権国家である以上、当然であるが、憲法第九条の下において許容されている自衛権の行使は、我が国を防衛するため必要最小限度の範囲にとどまるべきものであると解しており、集団的自衛権を行使することは、その範囲を超えるものであつて、憲法上許されないと考えている」（1981年1月13日政府答弁書）と国会で繰り返し説明。集団的自衛権行使は「憲法上許されない」と明言していたにもかかわらず、安倍政権は「許される」と一方的に変更した。

行使容認に転じた閣議決定より前の13年12月、安倍氏は半世紀以上にもわたり、安全保障政策の原点だった「国防の基本方針」を廃止し、あらたに「国家安全保障戦略」を閣議決定した。「国防の基本方針」がA4版、1頁だったのに対し、「国家安全保障戦略」は33頁で2万4000文字もあり、国家安全保障の基本理念にとどまらず、日本を取り巻く安全保障環境の分析、日米同盟の強化など記述は多岐にわたった。

国家安全保障戦略は、「わが国の平和国家としての歩みは、国際社会で高い評価と尊敬を得てきており、これを確固たるものにしなければならない」と過去の政策を評価する一方で、日本を取り巻く安全保障環境の悪化を理由に「より積極的な対応が不可欠」と主張、そしてキーワードとなる「国際協調主義に基づく積極的平和主義」を掲げた。

「積極的平和主義」とは、日本国憲法の柱のひとつ、平和主義とはまるで違う概念である。平和のためには武力行使もあり、というのだ。「日米同盟の強化」の項目で、日本と米国の安全保障上の役割分担を定めた「日米ガイドライン」を見直すと明記し、集団的自衛権の行使容認の道筋を示した。さらに「国連の集団安全保障措置に積極的に寄与していく」とあり、世界の平和を脅かす国への武力制裁も含まれる国連の多国籍軍への参加についても言及した。

文中、「積極的」との文字が49回も登場、国内外の安全保障問題に文字通り積極的に関わっていく姿勢を鮮明にした。これは海外の紛争から距離を置いてきた戦後の平和主義を「消極的」とみなして否定し、第一次安倍政権で掲げた「戦後レジームからの脱却」を実現する狙いを示すものだ。

安倍首相は戦後レジームについて、14年2月20日の衆院予算委員会で「戦後、日本は7年間、占領時代があった。この占領時代に、憲法がつくられ、教育基本法がつくられた。私たち自身の手で変えていく、新しいものをつくり上げていく、それこそが戦後体制からの脱却になるのではないか」と述べた。

こうも述べている。「戦後の7年間にできた国内体制に縛られているのでは、よりよい地域、社会、そして世界をつくっていく上においては、さまざまな課題があるのではないか、その課題に挑戦していくべきだというのが私の考え方だ」

安倍首相の最終目標が憲法改正であったことは疑いがない。そのゴールへ向けて安全保障政策は、日本国憲法の存在を無視するかのように急速に変化した。

強い意気込みは、国家安全保障戦略に書かれた「パワーバランスの変化の担い手は中国、インドなどの新興国であり」「米国の国際社会における相対的影響力が変化」「強力な指導力が失われつつある」との記述からもうかがえる。日本が弱体化した米国を補完し、安全保障面でのあらたな役割を果たすというのだ。

表向き「日米同盟の強化」をうたっているものの、積極的平和主義を突き詰めて行けば行くほど、米国から離れ、自主防衛に近づくことになる。安倍首相の祖父、岸元首相が目標としたのも憲法改正、そして自主防衛だった。二人の共通項は改憲だけでなく、自主防衛にまで広がろうとしていたのかもしれない。

「法の支配」を否定する集団的自衛権の行使容認

2015年の通常国会で安全保障関連法案の審議が始まると、母子パネルは姿を消し、安倍首相は「ホルムズ海峡の機雷除去」を具体例として示すようになる。米国の知日派が集まって数年に一度の割合で日本政府に突きつける安全保障政策の変更要求にあたる「アーミテージ・レポート」の第3次版（12年8月公表）は「ホルムズ海峡が機雷で封鎖されるようなことがあれば、日本は単独でも掃海艇を派遣すべきだ」と主張しており、まさに米国のご指示通りである。

安倍首相らの説明は、核開発を続けるイランが国連の経済制裁に反発してホルムズ海峡を機雷で封鎖すれば、石油の８割が日本に入って来なくなり、「北海道で凍死者が続出するような事態」（高村正彦自民党副総裁）となって日本の存立が脅かされるから、機雷除去のためには集団的自衛権行使が必要になるという論法だった。

実はこの話もまゆつばモノだった。

議論が交わされた当時の経済産業省資源エネルギー庁が製作したパンフレット「日本のエネルギー２０１４」によると、13年度の日本の電源を構成するエネルギー源はトップが液化天然ガス（ＬＮＧ）で43・２％、次に石炭で30・３％、そして３番目に石油・ＬＰＧが出てきて13・７％となっている。

ＬＮＧの輸入量が多い順にオーストラリア、カタール、マレーシア、ロシアで、カタールを除けばホルムズ海峡封鎖による影響はない。石炭はオーストラリアが圧倒的で海峡封鎖の影響はまったく受けない。エネルギー源の13・７％に過ぎない石油・ＬＰＧの中東から輸入する分の８割がストップしても、エネルギー全体の１割の窮乏でしかない。

また日本は１９７５年に制定された石油備蓄法により、15年７月時点で国家備蓄で１１８日分、民間備蓄86日分、産油国共同備蓄２日分の合計２０６日分の石油が国内に備蓄されてい

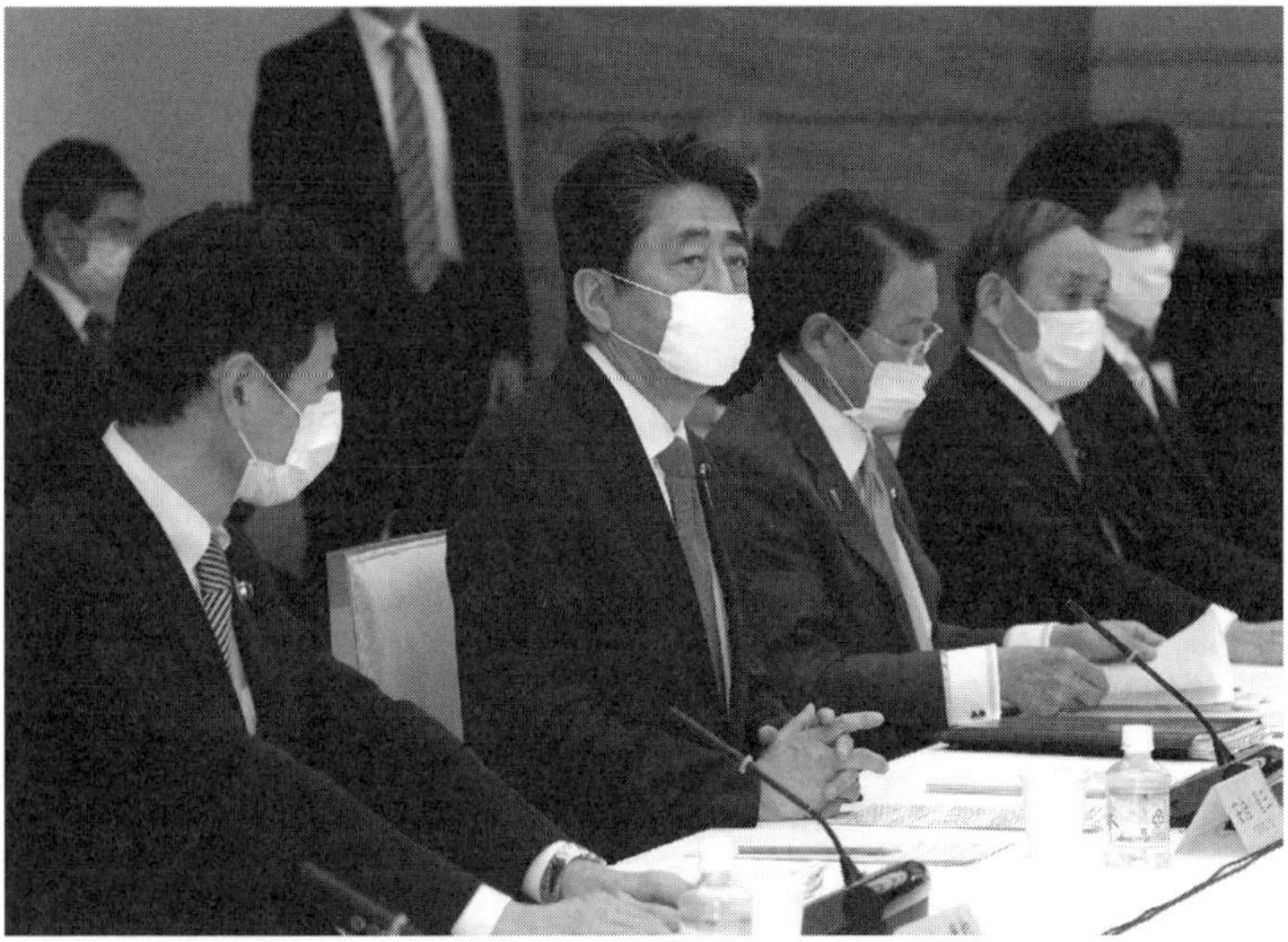

コロナ対策会議で発言する安倍首相（首相官邸のホームページより）

た。

つまり、ホルムズ海峡の機雷封鎖により、ただちに日本の存立が脅かされる事態になるとは到底、考えられないのだ。アラブ首長国連邦（UAE）には日本の資金で敷いたパイプラインがアラビア海に延びており、ホルムズ海峡を通らなくても石油の積み出しができる。サウジアラビアも紅海側にある港湾を使えばよいだけの話である。

それでも安倍政権は「ホルムズ海峡の機雷除去」で国会審議を押し通した。すると仰天の出来事が起きた。国会審議も最終版の15年9月14日、参院特別委委員会で質問に立った与党・公明党代表の山口那津男氏は「現実に、総理、自衛権を使ってこのペルシャ湾で掃海をするということは、今のイラン、中東情勢の分析からすれば、これ想定できるんでしょうか」と議論を蒸し返した。

驚くべきことに安倍首相は「今現在の国際情勢に照らせば、現実の問題として発生することを具体的に想定しているものではありません」と答弁。ホルムズ海峡の封鎖は想定できないというのだから、これまでの国会論議を土壇場でひっくり返したに等しい。

安倍首相が「ホルムズ海峡の機雷除去」を事実上、撤回した理由ははっきりしている。国会での議論が続いている最中の15年7月、イランは主要6か国との間で核査察を認めることで合意した。核開発に対する経済制裁が解かれて翌年1月から貿易の全面解禁が決まっていた（トランプ米政権で制裁再開）。

イランは人口８０００万人、天然ガスの埋蔵量で世界第1位、石油の埋蔵量で世界第３位（現在は第4位）。豊かな市場が開放される前夜というのにイランを敵視した議論を続けていては、バスに乗り遅れてしまう、そう考えたのではないだろうか。

現に15年7月23日、ナザルアハリ駐日イラン大使は日本記者クラブの会見で「なぜイランがホルムズ海峡封鎖をたくらでいるといわれなければいけないのか」「日本は友好国ではないのか」と日本政府に怒りをぶつけ、イランとの関係が怪しくなり始めていた。

そこで国会の最終版に、軌道修正を図り、自民・公明両党首による出来レースのようなやり取りが展開された。安全保障関連法が成立した直後の同年10月、岸田文雄外相はイランに渡り、ロウハニ大統領を表敬、16年2月には日・イラン投資協定を締結し、事なきを得ている。

結局、通常国会を通じて示された「ホルムズ海峡の機雷除去」は霧消し、最後に残ったのは「総合的に判断する」という政府答弁のみである。なんのことはない、どのような事態になれば集団的自衛権の行使が可能となるのか、その判断基準は「時の政府のさじ加減」というわけだ。

法律をつくる必要性、すなわち立法事実がないにもかかわらず、「やりたいからやる」という安倍氏の願望によって集団的自衛権の行使は解禁されたと考えるほかない。安全保障関連法をめぐり、「憲法解釈の番人」といわれた内閣法制局の長官経験者や多くの憲法学者から「違憲の法律」との批判が耐えないは当然だろう。

全国22か所の裁判所で25の裁判が提起された安保法制違憲訴訟で原告側証人となった元内閣法制局長官の阪田雅裕氏は「9条には第2項で定めた『陸海空軍その他の戦力は、これを保持しない』としてきたことに圧倒的な意味がありました。自衛隊があっても軍隊ではないというための柱が二つあります。まず、海外で武力行使をしない。つまり集団的自衛権を行使して米軍と一緒に戦うようなことはできないとしてきました。しかし、安倍晋三内閣が推し進めた安保法制で、この柱が一つ失われました」と指摘する。

「すなわち『我が国と密接な関係にある他国に対する武力攻撃が発生し、これにより我が国の存立が脅かされ、国民の生命、自由及び幸福追求の権利が根底から覆される明白な危険がある』という『存立危機事態』に際しては、集団的自衛権を行使して良いと決めたのです。その結果、武力行使をする場所についても、わが国の周辺の公海、公空までという、地理的な制約が消え去ってしまいました」と批判する（ともに23年4月14日朝日新聞）。

安倍氏が進めたのは法治国家を支える「法の支配」から逸脱し、「人の支配」する独裁的な国家に日本をつくり変えることである。その手法は閣議決定によって「専守防衛」の国是をかなぐり捨てた岸田首相に引き継がれている。

二転三転した憲法改正草案

日本国憲法が施行されて70年目、２０１７年5月3日の憲法記念日。安倍首相は改憲団体の集まりにビデオメッセージを寄せた。憲法９条への自衛隊明記を訴え、「２０２０年を新しい憲法が施行される年にしたい」と期限を区切って憲法改正に言及。そして自ら示した期限である20年の憲法記念日に寄せたビデオメッセージで「憲法改正への道はたやすい道ではないが成し遂げる」と意欲を語り、「憲法改正への決意に揺らぎはまったくない」と強調した。

なぜ安倍首相が憲法改正に強い執念を燃やしたのか、本人がその理由を説明しなかったので推測するしかない。ひとつは安倍首相が敬愛してやまない母方の祖父、岸信介元首相が憲法改正を目指したことが理由ではないだろうか。

岸元首相は１９６０年に日米安全保障条約を現在の条約に改正したが、国民の強い反発を受け、退陣した。岸氏はその後のインタビューで「憲法改正をなし遂げたかった」と述べた。安倍首相はその意思を実現しようとしたとみられる。

もうひとつは自民党総裁としての「責務」が挙げられる。自民党は野党だった12年4月に独自の憲法改正草案を発表しており、総裁として実現する必要があると考えたのではないか。安倍氏が率いた清和会は、党内随一の改憲派でもある。

この草案は05年に発表した最初の自民党草案と比べて、いっそう国家主義が明確に打ち出され、天皇元首制、国防軍の保持（05年の草案では「自衛軍の保持」）、基本的人権の制約などが盛り込まれた。

国の主人公を「国民」から「国家」へと入れ換える憲法ということができる。近代国家の憲法は、国民の権利や自由を国家権力から守るためにあるが、自民党案は国家のために国民の権利や自由を奪い、制限する憲法となっている。

安倍首相は、憲法改正を目指すと同時に集団的自衛権行使の解禁にも熱心に取り組んだ。憲法改正ができなければ、憲法解釈を変更して集団的自衛権行使だけでも禁止から容認へと変えようというのだ。

なぜ安倍首相が集団的自衛権行使の解禁にこだわるのか。こちらは元外交官、岡崎久彦氏との対談集「この国を守る決意」（04年）の中で明らかにしている。

「われわれには新たな責任があります。この日米安保条約を堂々たる双務性にしていくということです。（略）いうまでもなく軍事同盟というのは〝血の同盟〟です。日本がもし外敵から攻撃を受ければ、アメリカの若者が血を流します。しかし、今の憲法解釈の下では、日本の自衛隊は、少なくともアメリカが攻撃されたときに血を流すことはないわけです。（略）双務性を高めるということは、具体的には集団的自衛権の行使だと思います」

安倍氏の考えによると、①日米安保条約は片務的である、②対等な条約にするためには日本が集団的自衛権行使に踏み切らなければならない、ということになる。これは日本政府が国民に対して「日米安保条約は第5条と第6条により双務性を帯びている」と説明してきたこととまったく違う。安倍氏は独自の条約解釈によって集団的自衛権行使の解禁が不可欠だと主張したことになる。

この考えに同調したのが外務省である。日本と中国との間には尖閣諸島の領有権をめぐる対立がある。外務省は仮に尖閣をめぐり、日中が武力行使する事態になれば、米国に日本を守るために米軍を出動させてほしいと考えている。しかし、安倍首相と同様、日米安全保障条約だけでは安心できないので米国の戦争に自衛隊を差し出す集団的自衛権行使の解禁が不可欠というのだ。米国からの「見捨てられ」を恐れて、「しがみつき」に出たというわけである。

米国からは前述した「アーミテージ・レポート」のうち、00年の第1次、07年の第2次、12年第3次と3回連続して「日本が集団的自衛権行使を禁止していることが正常な日米同盟の阻害になっている」と批判し、憲法改正するか憲法解釈を変更して集団的自衛権行使に踏み切るよう求めた。

米国の狙いはもちろん、米国の負担軽減である。米国の戦争で米兵が1000人亡くなるところ、代わりに自衛官が1000人死んでくれれば、その分だけ米政府の負担は軽減される。米国製兵器の大量売却にもつながるので一挙両得というわけだ。

だが、自民党が現在、提唱する改憲4項目（自衛隊明記、緊急事態条項の創設、参院合区の解消、教育の無償化）は、天皇元首制、国家主義、国防軍の保持などを定めた自民党憲法草案とはかなり内容が異なる。なぜなのか。

改正を含む憲法全般について議論するため衆参両院に置かれた憲法審査会は、野党第1党の協力なくして審議を進められないという不文律がある。20年9月まで野党第1党だった民主党は「安倍首相の下での憲法改正には反対」（岡田克也代表）と明言しており、安倍首相としては野党が議論に乗りやすいメニューを揃える必要があった。

安倍氏が改憲を目指した20年、コロナ禍が襲う。対策は後手に回り、同年8月には持病の悪化を理由に2回目の首相退陣を表明した。そのときの会見で「憲法改正、志半ばで職を去ることは断腸の思いであります」と述べ、悔しさをあらわにした。

自民党憲法草案と異なる改憲四項目は、まさに安倍氏主導。だからこそ、これらの改正を実現できず、退陣したのは「断腸の思い」なのだろう。

実は第二次政権以降、改憲勢力が衆参両院の3分の2を占めた選挙は複数ある。

例えば、13年の参院選挙で改憲を容認する政党（自民、公明、維新、みんな）が3分の2を越えた。その後、14年、17年の衆院選挙でも改憲勢力が3分の2を占めたが、改憲の発議には至らなかった。同じ与党とはいえ、憲法9条をめぐる自民党と公明党との考えには隔たりがあるうえ、前記のように野党第1党が議論に乗らなければ、お話にならないからだ。

首相を退いた後、安倍氏は「自衛隊を明記することで自衛隊の違憲論争に終止符を打つ。これこそ『戦後レジームからの脱却』の核心だ」と訴え続けた。「9条の2を新設して、自衛隊を書き込むだけ」とも話したが、ことはそれほど単純ではない。

法律の世界には「後法は前法を破る」という原則があり、自衛隊合憲を書き込むと9条1項、2項が死文化しかねない。また憲法9条に「自衛隊」を置くだけの場合、憲法上、自衛隊を縛る権限がどの機関にも認められていないので自衛隊を統制することができなくなるおそれがある。防衛費のさらなる増大、徴兵制の復活などが堂々と主張されるだろう。

岸田首相はどう考えているのだろうか。

22年の憲法記念日に改憲団体の集会にビデオメッセージを寄せ、「施行から75年が経過し、時代にそぐわない部分は改正していくべきだ」と訴え、憲法改正について「決して容易ではないが、挑戦し続けなければならない」と語っている。

安倍氏のように期限を区切ってはいないものの、憲法改正に取り組む姿勢を示したといえる。

ただ、21年9月の自民党総裁選では「自民党改憲4項目の総裁任期中の改正実現を目指す」と主張していたにもかかわらず、同年11月の内閣記者会のインタビューでは改憲4項目を同時に改正することにこだわらず、一部を先行させることもあり得るとの考えを示し、トーンダウンさせた。そして憲法改正原案の作成にも至っていない。党内保守勢力の中には、改憲への「本気度」を疑う向きもある。

憲法改正の発議を実現させ、国民投票に持ち込んで万一、否決された場合、「残念でした」では済まない。内閣総辞職を迫られるのは必至だ。いずれの条項を国民投票に掛けた場合でも、その都度、政治生命を掛けた大勝負になるのは間違いない。岸田氏はその後も改正へ向けた発言を続けているが、安倍氏ほどの迫力もこだわりもない。

みてきた通り、現在に至る憲法改正の機運は、安倍晋三氏という馬力のある機関車が自民党という列車を引っ張ってきた結果、高まったといえる。文字通り、命がけで進めた牽引役が消えてしまった。首相を続けることが最終目標に見える岸田氏が、その職を懸けて憲法改正への動きを早めるだろうか。

歪んだ歴史認識と「外交の安倍」

ポツダム宣言をめぐって、安倍氏は興味深い認識を示している。

2015年5月20日に国会であった党首討論で、共産党の志位和夫委員長が「総理はポツダム宣言の、日本の戦争は誤りであるという認識を認めないのか」との質問に対し、安倍首相は、こう回答した。

「われわれはポツダム宣言を受諾をし、敗戦となりました。ポツダム宣言の、日本の戦争の誤りを指摘した箇所についてはは、わたしはつまびらかに読んでないので今ここで答えられない」

安倍首相は、ポツダム宣言を読んでいないというのだ。第一次安倍内閣で「戦後レジームからの脱却」「日本を取り戻す」と公言していたにもかかわらず、戦後日本の原点を知らないとは。筆者はこのやり取りをテレビで見ていて、仰天したのを覚えている。

安倍首相がポツダム宣言を読んでいないというのは本当だろう。

上記のやり取りより前、自民党幹事長のころの安倍氏は雑誌『諸君!』（05年7月号）のインタビューに答える中で、当時、国会で野党議員が「靖国参拝は日本が軍国主義化に向かう象徴であり、ポツダム宣言に反する」と指摘したことに不満を表明し、こういっている。

「ポツダム宣言というのは、アメリカが原子爆弾を2発も落として日本に大変な惨状を与えたあと、『どうだ』とばかり叩き付けたものです」

ポツダム宣言が日本に突きつけられたのは7月26日である。広島の原爆投下は8月6日、長崎は8月9日だから、順番がまるで逆だ。歴史を学ばず、勝手な解釈のもと、堂々と自説を展

ロシアのプーチン大統領と握手する安倍首相
（首相官邸のホームページより）

開する。だから、反知性主義と批判されたのかもしれない。安倍氏を批判する言葉の中に、歴史修正主義者もあるが、歴史を知らない歴史修正主義者ということになる。

もうひとつの人物評に「外交の安倍」がある。首相官邸のホームページによると、「地球儀を俯瞰する外交」を掲げ、安倍首相が訪問した国・地域は80あり、延べ訪問国・地域にすると176回（20年1月17日現在）と自慢している。

関係を深めた国や地域がある一方で中国、韓国との関係は悪化した。なかでも記憶しておかなければならないのはロシアのプーチン大統領との関係だろう。

20年9月にあった東方経済フォーラムで安倍氏は「ウラジーミル、君と僕は同じ未来を見ている」「ゴールまで、ウラジーミル、二人の力で、駆けて、駆け、駆け抜けようではありませんか。歴史に対する責任を、互いに果たしてまいりましょう」と呼び掛けた。「同じ未来」とはウクライナ侵攻であるはずがないだろうし、北方領土問題の解決は遠のき、平和条約の締結など夢のまた夢の今となってはどこへ「駆け抜けよう」としたのか。

北方領土問題をこじらせたのは、これより前の18年11月にシンガポールであった日ロ首脳会談で、1956年の日ソ共同宣言を基礎に平和条約交渉を加速させることで合意したことと無関係ではないだろう。56年宣言は平和条約締結後に歯舞群島、色丹島の2島を引き渡すと明記したものだ。日本政府は従来、国後、択捉の2島も含めた北方4島の一括返還を求めていたが、安倍首相は2島の先行返還を軸に進める方針に突然、転換した。

元外務事務次官の竹内行夫氏は「私は北方四島帰属の問題の解決をうたった東京宣言から2島先行返還に方針を切り替えた安倍晋三首相について、平和時の外交交渉において『国家主権を自ら放棄した歴史上初めての宰相』になるかもしれない、と危惧しました。これはかなり厳しい言い方だと思いますが、思いとどまってほしいという切なる気持ちがそれほど強かったのです。当時、プロフェッショナルである外務省の後輩たちはどんな気持ちでいたのかといたたまれない思いがしました」と振り返っている（22年6月16日朝日新聞）。

その後、ロシアは憲法改正し、領土の割譲禁止を定めた。当然ながら北方領土にも適用される。安倍氏が一方的に譲歩したことが影響してはいないだろうか。もちろん外交だから双方が

100％満足できる結論を得るのは難しい。とはいえ「外交の安倍」の正体がうかがえるエピソードである。

戦争四法の中身

7年8か月に及んだ第二次安倍政権は、⑴秘密を漏らした公務員や記事にした記者を厳罰にする特定秘密保護法を制定し、⑵自衛隊による海外での武力行使に道を開く安全保障関連法を施行し、⑶市民の活動を弾圧しかねない「共謀罪」法を制定した。

続く菅義偉政権で制定された⑷基地近くの土地取引を規制し、個人情報を政府が丸ごと収集する土地利用規制法を含めて、筆者は戦争四法と呼んでいる。その理由を説明していこう。

特定秘密保護法の原点は、第一次安倍政権のもと日米で軍事にかかわる秘密保護協定を締結したことにある。協定は「軍事情報包括保護協定（General Security of Military Information Agreement＝GSOMIA、ジーソミア）」と呼ばれ、2007年8月に締結された。

日本の国民すべてに軍事秘密の保護を義務づけ、漏洩を禁じる包括的な性質を持つ。対象は自衛隊や米軍の作戦計画、武器技術などあらゆる軍事分野におよび、口頭、文書、写真、録音、手紙、メモ、スケッチなどすべての伝達手段による漏洩を禁じた。

協定を結ぶきっかけは、03年12月ミサイル防衛システム導入の閣議決定にある。システムを構成するのは米国製の兵器類。飛来する弾道ミサイルをイージス護衛艦に搭載した艦対空ミサイル「SM3」で迎撃し、討ち漏らしたら地対空ミサイル「PAC3」で対処する2段階の迎撃システムである。

日米はミサイル防衛システムの日本への売却をめぐり、高度な秘密を日米で共有する以上、具体的な秘密保護策が必要だとの認識で一致した。野党から秘密保護法の制定につながるとの懸念が示されたものの、政府は「国内法の整備は必要ない」（07年5月7日衆院特別委員会、久間章生防衛相）とかわし、その一方で「情報保全法制の在り方に関する検討チーム」を発足させた。同チームは民主党政権に代わった後も引き継がれ、第二次安倍政権になって特定秘密保護法案を結実させた。

特定秘密保護法は政府が「特定秘密」と定めた内容を漏らした場合、特定秘密を扱う公務員なら10年以下の懲役とこれまでの国家公務員法（懲役1年以下）と比べて厳罰化。また特定秘密を報道した記者にも懲役5年以下の懲役が科せられることになった。国にとって不都合な情報を特定秘密に指定して、報道させない報道統制の色彩を帯びている。

「何が秘密か、それが秘密」とまでいわれる特定秘密だが、毎年、更新されているのは自衛隊による米軍の艦艇や航空機の防護である。米軍などへの防護は16年に施行された安全保障関連法で可能になり、17年2件、18年16件、19年14件、20年25件、21年21件、22年31件とこれまで合計110件実施された。21、22年には米軍に加え、オーストラリア軍艦艇に1件ずつ適用されている。

防衛省は毎年1月もしくは2月に前年実施した米軍防護をまとめて国家安全保障会議に報告する。同会議で得られた結論は「特定秘密」になるので、公表されるのは件数のみで具体的な内容は非公表にされる。

防護対象は、弾道ミサイル監視中の米艦艇や日本を防衛するために行う共同訓練中の米軍などの艦艇、航空機とされているが、いつどこでどのような理由からどのように実施したのかは公表していない。台湾有事に備え、南シナ海で海上自衛隊の護衛艦が米艦艇を警護している可能性もあるが確かめようがない。

米軍防護であれ、オーストラリア軍の防護であれ、無事に終了した時点で公表しても問題ないはずだが、そのような事例は一件もない。まとめて国家安全保障会議に報告することであえて特定秘密とし、国民に活動の実態が伝わらないようにしていると考えるほかない。これこそ報道統制である。

特異な事例があれば、公表することになっているが、その判断そのものが政府に委ねられている。例えば南シナ海で自衛隊が交戦状態に陥り、隠しきれなくなって米軍防護が原因だったと公表されれば、国民は初めてその時に活動の実態を知ることになる。

特定秘密の対象となる情報は「防衛」「外交」「特定有害活動の防止」「テロリズムの防止」の4項目。範囲が広く、政府の裁量次第でどのような情報でも該当する可能性があり、「国民の知る権利」よりも「時の政権の利益」を優先している点に問題がある。「知る権利」が保障されていなければ健全な民主主義を維持するのは困難になり、独裁的な政治の横行を許すことになる。ひとたび特定秘密に指定されるとその中身に問題があっても内部告発すること自体が情報漏洩として処罰されかねない。

法施行後の15年1月、政府は特定秘密として382件を指定したと初めて発表した。防衛省が247件とトップ、次いで内閣官房49件、外務省35件の順だった。23年7月の指定数をみると、15年と比べて735件と倍増、やはり防衛省が440件でダントツのトップだ。安全保障関連の法律や閣議決定が増えたのと連動している可能性はあるが、確認する術はない。

安全保障関連法の違憲性

安全保障関連法の国会上程より前の14年7月、安倍政権は憲法解釈を変更して、集団的自衛権行使を条件付きで解禁した。

集団的自衛権の行使とは「密接な関係にある国が攻撃を受け、これを自国への攻撃とみなして反撃する権利」（政府見解）のことだが、安倍政権以前の政府は「自衛権行使の3要件」（①急迫不正の侵害があること、②これを排除するのに他の適当な手段がないこと、③武力行使は必要最少限にとどめるべきこと）の①の第1要件に合致しないので、わが国は行使できないと説明してきた。

安倍政権ではこの第1要件を変え、「武力行使の3要件」と呼び方まで変えた。自衛権行使なら「自国を守る権利を使うこと」だが、武力行使は文字通り、「武力を使うこと」なのでより幅広い概念といえる。とにかく「武力を使う」との決意がうかがえる。

「武力行使の3要件」の第1要件は「わが国に対する武力攻撃が発生したこと、又は我が国と密接な関係にある他国に対する武力攻撃が発生し、これにより我が国の存立が脅かされ、国民の生命、自由及び幸福追求の権利が根底から覆される明白な危険があること」となってる。

「密接な関係にある他国」が受けた攻撃によって、日本の存立が脅かされる事態を「存立危機事態」と名付け、時の政権が「存立危機事態だ」と認定すれば、集団的自衛権を行使できることにした。長年にわたって与野党が国会で議論し、定着させてきた憲法解釈をわずか20人の閣僚がサインしただけで変えたのである。

「密接な関係にある他国」について、安倍首相は「米国だけとは限らない」と答弁しているので、少なくとも米国は含まれる。ただ、米国という「国」が攻められた時とは限らない。「米国の抑止力、打撃力の欠如は、日本の存立危機に当たる可能性がないとはいえない」（17年8月10日衆院安全保障委員会、小野寺五典防衛相）との見解が示されているので、米軍の損耗だけでも存立危機事態にあたり得ることになり、米国や米軍を守るために日本は集団的自衛権を行使する。

これまで海外での武力行使を意味する「海外派兵は許されない」との憲法解釈が一内閣に

よって「許される」と180度転換した。それでも自衛隊の保有する兵器は防御的な兵器にとどまり、海外派兵しても米軍の足手まといになる可能性があったが、岸田政権が「敵基地攻撃能力の保有」を閣議決定したことにより、攻撃的兵器の保有が解禁され、米軍とともに戦うことができる自衛隊に変身することになった。海外派兵が解禁され、「専守防衛」も踏み越えたのだから、もはや憲法第9条は条文として存在するだけの脱け殻になったといえる。

23年1月の岸田氏訪米の際、ホワイトハウスの玄関で出迎えたバイデン大統領が岸田氏の肩を抱き、「よしよし、よーしよし」とムツゴロウ先生（畑正憲氏）が動物を愛でるように親愛の情を示したのは対米支援が実効性を持ったことを称賛したのだろう。

話を元に戻そう。安全保障関連法は存立危機事態のほか、米国などの戦争が「日本の平和と安全に関わる場合」を「重要影響事態」とし、「国際社会の平和と安全に関わる場合」を「国際平和共同対処事態」と定めている。どちらの事態が認定された場合も自衛隊が行う活動に変わりはない。

想定しているのは米軍への後方支援活動である。具体的には、弾薬や燃料の提供、武器の輸送、負傷した米兵の救護などを実施する。例えば、米国によるアフガニスタン攻撃の際、海上自衛隊の補給艦が実施した燃料提供は安全保障関連法によっていつでも実施可能となった。

過去の政府見解では、米軍の武力行使と一体化するので違憲の疑いが強いとされた「発進準備中の航空機への燃料補給」も解禁された。空母化される護衛艦「いずも」「かが」に米軍の

F35B戦闘機を乗せ、燃料を補給して出撃させる日米統合運用の日が来るのは時間の問題となった。

戦闘地域における米軍支援も「現に戦闘行為が行われている現場以外」での活動が条件付きで解禁された。自衛隊の活動地域を決めるのは日本政府なので何とでもなり、実質的に自衛隊は全面的に米軍の後方支援ができることになった。

当然ながら、米軍と戦う相手からすれば「自衛隊は米軍を支援する敵」となる。踏み込んだ対米支援を行えば、自衛隊が攻撃対象となるのは火を見るより明らかだ。

「共謀罪」法で始まる監視社会

2017年6月15日、「共謀罪」法案が自民・公明両党と日本維新の会の賛成多数により可決された。政府は国際組織犯罪防止条約を締結するために必要な法整備だというが、民進党や共産党は共謀罪法案がなくても条約の締結はできると主張して反対した。

「共謀罪」法の成立により、277もの犯罪について、計画・準備段階での処罰が可能になった。日本の刑事法制は、実行後の犯罪を罰するのが原則である。心の中で考えただけでは犯罪たり得ず、犯罪を実行して初めて処罰される。その原則を覆し、捜査権の乱用が認められることになった。

安倍首相は国会で「東京五輪のために必要な法案だ」と訴えたが、詭弁というほかない。日本はテロ防止に関する13もの国際条約を締結している。政府は当初、「テロ等準備罪」の看板を掲げながら、条文の中にテロの文字はなかった。批判され、慌てて法案に「テロリズム集団」の文字を入れた。この法の本質がテロ対策でない証拠である。

捜査当局が犯行前の共謀や準備行為を摘発するには、一人ひとりの国民を監視するしかない。一般人を警察の捜査対象にする「監視社会」の幕開けである。

一例を挙げる。自衛隊の駐屯地が次々に開設された南西諸島で、自衛隊誘致を進めた人々の間にさえ、敵基地攻撃可能なミサイルを配備すれば「攻撃対象になる」と不安を訴える声が高まっている。ミサイル配備が明らかになった時点で住民たちが集まり、駐屯地前で配備反対のデモや座り込みをしようと話し合った時点で「共謀罪」が適用される可能性がある。

市民の自由な意思表明が制約され、犯罪として摘発されるおそれさえあるのが「共謀罪」法だ。憲法で保障された基本的人権を無視して政府の思い通りに政策を進める。まさに天下の悪法である。

基地周辺住民を追い出す土地取引規制法

戦争四法の最後の法律は、菅義偉政権で制定された。通常国会最終日の21年6月16日未明、参院で「重要施設周辺及び国境離島等における土地等の利用状況の調査及び利用の規制等に関する法律」（土地取引規制法）が自民党、公明党、日本維新の会、国民民主党の賛成多数で可決し、成立した。

法律の正式名称に霞が関の官僚用語で「無限の宇宙空間さえ入る」といわれる「等」が3つもあり、幅広い対象を規制する狙いがうかがえる。基地周辺や離島の土地取引を監視する一方、住民の思想・信条を調査し、国が危険思想の持ち主と判断した場合、移転を求めることができることになった。

土地取引規制法は、自衛隊、米軍、海上保安庁といった重要施設や国民生活に重大な影響を与える施設（重要インフラ）の周囲約1キロメートルと、国境離島を個別に「注視区域」に指定し、所有者の個人情報や利用実態を不動産登記簿や住民基本台帳などを基に政府が調査する。必要に応じて所有者に報告を求めたり、利用中止を命令したりできる。

司令部機能がある基地や重要性が高い国境離島は「特別注視区域」とし、一定面積以上の土地を売買する際に個人情報や利用目的などの事前届け出を義務付ける。政府による利用の中止命令に従わなければ、行政罰としては軽くない2年以下の懲役または200万円以下の罰金に処すとしている。

土地取引規制法の一義的な目的は、自衛隊や米軍の基地機能の維持にあるものの、「その機能を阻害する行為が行われた場合に国民の生命、身体または財産に重大な被害が生ずるおそれがあると認められるもの」として原発など重要インフラ周辺の土地取引まで巻き込んだ。

外国の例をみると、英国とフランスには安全保障上の土地規制そのものがない。土地規制のある米国、豪州、韓国は対象範囲がほぼ軍事施設周辺に限定され、重要インフラ周辺までは規制の対象としておらず、他国と比べても規制対象が広いことがわかる。

指定後、土地所有者の個人情報が収集されることになるが、住民基本台帳や固定資産税課税台帳、戸籍簿を閲覧するだけでは十分な情報は集められない。そこで土地利用者から書面で報告を求め、関係者から聴き取り調査をすることになる。関係者とは誰なのか政府側の考えでどのようにも解釈できる。そして思想信条、所属団体、交友関係、渡航履歴に至るまで個人情報が際限なく収集される。

政府による監視に嫌気が差し、転居する人が出れば、それこそ政府の思うつぼである。従順な人々によって基地や重要インフラの周囲を固めることができるからだ。ただ、監視されることが確実な地域に喜んで住む人がいるとは思えない。すると土地取引にブレーキがかかり、地価は低迷することになって財産は目減りする。

内閣府は22年12月、23年7月と9月の3回に分けて、11都道県299か所の候補地を指定し、公表した。最終的には約600か所を指定する方針だ。

司令部機能を保有する防衛省は本来、「特別注視区域」に該当する。都内屈指の人口過密地域の東京都新宿区にあり、指定されると周辺の土地を売買する際、事前届け出が必要になり、自由な商取引が阻害される。支持母体の創価学会総本部が同じ新宿区にある公明党が強く反対し、9月に公表された候補地では「注視区域」にとどまった。

ほかに自衛隊の練馬駐屯地（東京都）など司令部機能がある12か所も「注視区域」とされた。内閣府の担当者は「経済的社会的影響を考えて特別注視でなく注視区域とした」といい、区域指定の基準は担当者のさじ加減次第であることがわかる。

その一方で、情け容赦ないのが辺野古新基地の建設問題をめぐり、対立する沖縄県に対する区域指定だ。本土と違って「経済的社会的影響」が省みられることなく、国境離島の土地の多くが「注視地域」となり、敵基地攻撃能力のあるミサイル配備が検討される離島の駐屯地がいずれも「特別注視区域」に指定された。

あ然とさせられるのが日本最西端にある与那国島だ。内閣府は与那国駐屯地に近い集落などを軒並み「特別注視区域」の候補地に指定した。免れたのは3か所ある集落のうち1か所のみで、島の約3分の1という広い範囲が該当した。「注視区域」を含めると残る1つの集落も指定され、実に島面積の半分が国の監視と調査の対象範囲となった。ほぼすべての住民が監視対象ということになる。

与那国島では部隊が次々に増え、23年5月には地対空ミサイル部隊の新設をめぐる住民説明会が開かれた。自衛隊を誘致した前町長でさえ「話が違う」と反発する実戦部隊だ。次には琉球列島最大級の湿原をつぶして港湾とし、駐屯地と一体化した軍港とする計画が進む。

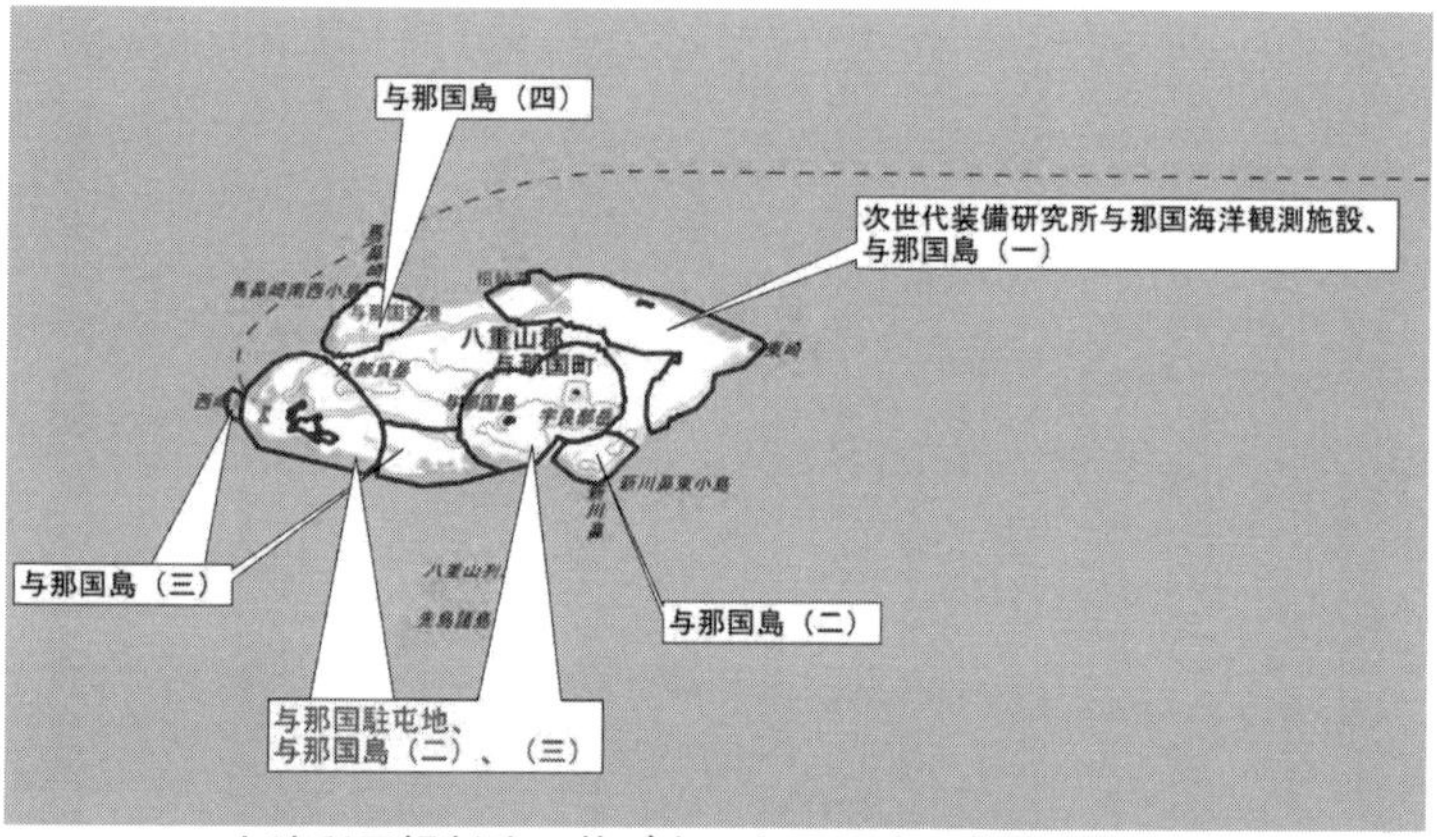

土地利用規制法に基づき、与那国島に指定された
「特定注視区域」（下の２つある矢印のところ）と「注視区域」
島の半分が指定された（内閣官房のホームページより）

米軍基地の指定は23年9月時点で広弾薬庫（広島県）や板付飛行場（福岡県）など6施設にとどまっているが、首都圏には横田基地、赤坂プレスセンター、ニューサンノー米軍センター（以上、東京）、横須賀基地、厚木基地、キャンプ座間、相模総合補給廠（以上、神奈川）といった米軍基地や自衛隊基地が点在する。

米軍基地が集中する沖縄は、多くの土地が対象となる可能性があるため政府は米軍と協議する。米軍が土地利用を規制する法律がある本国並みとなるのを歓迎することはあっても拒否するとは考えられず、沖縄は規制だらけとなりかねない。外国資本などの投資意欲を削ぐ結果になれば、基幹産業の観光が大きなダメージを受ける。

法案には「重要施設の施設機能及び国境離島等の離島機能を阻害する土地等の利用の防止」とあるので、政府が「機能を阻害する」と認定すれば、基地や弾薬庫の建設に反対する住民は調査の対象となり、監視が強化される。

種子島にある鹿児島県西之表市は、行政区画に米空母艦載機の離着陸訓練（FCLP）施設と自衛隊基地の新設予定地となった馬毛島があり、政府の調査が二重に厳しくなる国境離島に該当する。

政府が法案を制定するきっかけは、自衛隊施設周辺の土地を中国企業や韓国人が購入しているとの報道があり、複数の地方議会で「安全保障上、問題ではないか」という声が出たことだ。

北海道の千歳市議会では14年6月11日、中国企業による千歳基地から約3キロメートルの森林買収が取り上げられた。千歳市長はその事実を認め、「資産保有のためとの情報がある」と答弁した。ただ、利用目的は判明しており、現行法による調査も進んでいるという。不透明な取り引きではないうえ、土地取引規制法は、基地周囲1キロメートルの土地取引が対象なので、千歳市の事例は適用されないことになる。

13年9月12日には、長崎県の対馬市議会で韓国人による土地購入が取り上げられ、対馬市長は「韓国人による土地の購入状況を調査したところ、0．0069％の土地が買われていた」と答弁した。その程度の土地取得が大問題になるはずがなく、不法侵入や通信妨害など「機能を阻害する」事例もなかった。

法律を制定する必要性、つまり立法事実がないにも関わらず新法が必要というのだから、別の目的があると疑わなければならない。

土地取引規制法は、表現や結社の自由を認めず、国家が財産を統制した戦前、戦中にあった治安維持法の再来を強く疑わせる。治安維持法は戦後、連合国軍総司令部（ＧＨＱ）の命令により廃止されたが、この法律によって数10万人が逮捕され、１０００人以上が拷問や虐殺・病気などで命を落としたといわれている。

安全保障を理由にした法規制はやはり戦前、戦中にあった軍機保護法とも重なる。軍機保護法は軍事施設の測量、撮影、模写などを禁止しただけでなく、陸・海軍大臣が秘密と定めたものすべてが対象となり、言論統制に使われた。政府の運用次第で調査対象が限りなく広がるおそれがある点では土地取引規制法も共通している。

安倍氏が特定秘密保護法や安全保障関連法、「共謀罪」法を制定して「戦争ができる国づくり」を進めたとすれば、安倍氏の意思を継いだ菅氏は「国民を監視できる国づくり」を目指した。だから、戦争に備えるための戦争四法なのである。

第5章　ウクライナ戦争と日本

NATOの東方拡大に脅えたプーチン大統領

ウクライナ戦争は終わる気配さえ見せていない。

英国防省は2023年1月、推定されるロシア側の戦死傷者を17万5000人から20万人と発表した。この数字はウクライナ侵攻を始めたロシア軍の兵力とほぼ同数であり、投入された兵士の大半が戦死するか負傷して戦場を離れたことを意味する。

同年8月18日、米ニューヨークタイムス紙は米政府当局者の話として、両軍の死傷者が計50万人近くに上っていると報じた。ロシア側が死者12万人、負傷者17万〜18万人、ウクライナ側が死者7万人、負傷者10万〜12万人程度と見積もっている。両軍とも正確な死傷者数は公表していないが、深刻な犠牲があらためて明らかになった。

それぞれの戦死者数は米国がベトナム戦争に参戦して死亡した米兵約5万8000人を大きく上回る。ベトナム戦争をめぐって米国では反戦運動が高まり、徴兵制が廃止された。巨額の戦費をつぎ込んだことからドル不足に陥った米国は金とドルとの交換を停止し、第二次世界大戦後の為替相場安定のメカニズムが崩壊、世界は変動為替相場制に移行した。

戦争がその後の世界を一変させることは、ベトナム戦争の例を挙げるまでもなく、太平洋戦争を引き起こした日本が政治、社会、文化の大変革を求められたことから明らかだ。もはやロ

ウクライナ侵攻で破壊されたロシア軍の戦車（Depositphotos 提供）

シアは西側諸国から信頼される国に戻るのは不可能となる一方で、ロシアや中国、イランを中心とする上海協力機構が西側諸国に対抗する未来図が見える。

23年5月の広島G7サミットでインド、インドネシア、ブラジル、ベトナムなどが招待されたことからわかる通り、是々非々で態度を決めるグローバル・サウスの国々の存在も無視できなくなり、世界は米国の一極集中から多極化への道を歩み始めた。

ロシアは戦争をやめられるだろうか。

ロシアの独立系世論調査機関「レバダセンター」のレフ・グドゥコフ所長は23年1月のNHK番組で「私はできないと思う。なぜなら人々の意見を表明できる仕組みがないからだ」と断言。その背景として「政党は人々の考えや意見を明確にするよりも、社会の管理を行っている。政治システムが機能していないのでメディアは全体主義的なプロパガンダの道具に変貌している」と説明した。

クドゥコフ氏は立場上、明確にいえないのだろうが、プーチン大統領による独裁が強まり、プーチン氏が決断しない限り、だれも戦争をとめることはできないといっているのに等しい。

プーチン氏は00年の大統領就任から20年以上にわたって最高権力者の座にある。かつて国家秘密警察（ＫＧＢ）の中佐だった経験を生かして、治安機関職員「シロビキ」を使って政敵を追い込み、毒殺などで消えた政治家や記者は２００人近い。23年８月には６月末に反乱を起こした民間軍事会社「ワグネル」の創設者プリゴジン氏が乗っていた小型機がモスクワ郊外に墜落し、乗員乗客10人が死亡した。反乱は翌日には中止されたが、プーチン氏が「裏切り」と非難していたため、搭乗機墜落にプーチン氏の関与が疑われている。

国会は与党が大半を占め、知事選の候補者もプーチン氏が選ぶから野党的な立場の政治家はごくわずかだ。憲法は改正され、プーチン氏が望めば36年まで大統領を続けられる。民主主義の皮をかぶった専制主義の国がロシアなのだ。

では、なぜウクライナ侵攻に踏み切ったのだろうか。

ロシアは10年以降の軍事ドクトリンにおいて、北大西洋条約機構（ＮＡＴＯ）の東方拡大を自国に対する脅威と明記。仮にウクライナのＮＡＴＯ加盟が実現すれば、ロシアの西部国境の大半がＮＡＴＯ圏と接し、さらに実効支配するクリミア半島に駐留する黒海艦隊の孤立を招くことになる。

ロシアにとって、これ以上の東方拡大を食い止めるためには、ウクライナの加盟阻止は譲れない一線だったが、19年にウクライナ憲法が改正され、NATO加盟を目指すことが確実になった。同年行われた大統領選でNATO加盟を公約に掲げたゼレンスキー氏が当選。プーチン氏の懸念は高まる一方だったことは間違いない。

そこで、ひとつの疑問が浮かぶ。ソ連の脅威から西側諸国を守る目的で冷戦初期の1949年に発足した軍事同盟のNATOは、91年のソ連崩壊とともにその役割を終えたはずではなかったか。実際にはソ連を盟主としたワルシャワ条約機構の東欧諸国のうち、チェコ、ハンガリー、ポーランドが99年に、またスロバキア、ルーマニア、ブルガリア、スロベニアが2004年にNATOに加盟した。同じ04年にはソ連を構成する共和国だったバルト3国（リトアニア、エストニア、ラトビア）も加盟している。

ソ連崩壊を受けて、オセロゲームの駒のように次々に国の体制が変わった東欧諸国。希望する国々を受け入れた結果、冷戦時16か国だった加盟国はウクライナ戦争が始まるまでに30か国に倍増した（23年9月現在31か国）。

NATOが解散せずに残った理由のひとつに東欧のバルカン諸国で、民族対立、宗教対立からボスニア紛争などの内戦が勃発し、NATOが介入せざるを得なくなったことがある。地政的に欧州に近い中東で湾岸戦争、イラク戦争などが起こり、対テロ戦争が長く続いたこともN

ATO存続の理由といえる。

だが、一番の存続理由は、米国がNATOをロシア包囲網として積極的に利用したからではないだろうか。ソ連崩壊後、低迷を続けたロシア経済は原油や天然ガスを欧州などに輸出することでプーチン氏が大統領に就任した00年以降、停滞から脱出した。経済の回復とともに「旧ソ連の復権」が現実化するおそれがあるとみた米国は、冷戦後、米国が享受してきた支配的で優越的な一人勝ちを維持するため、NATOの解散どころか、さらなる東方拡大を目指した。

08年4月、ルーマニアの首都ブカレストで行われたNATO首脳会談で突然、米国がウクライナとジョージアのNATO加盟を提案した。驚いたメルケル首相ら独仏が「ロシアを刺激する」として強硬に反対し、会談は紛糾。最終的には「将来のウクライナ、ジョージアの加盟を支持する」というあいまいな文言で決着した。

米国の提案は、ブッシュ政権の「影の大統領」といわれたチェイニー副大統領が発案した。チェイニー氏は軍需産業と深く結びついたネオコンの代表格で、米国が引き起こしたイラク戦争で私腹を肥やした一人とされる。チェイニー氏が提案した理由は推測するしかないが、ロシアの封じ込めを確実にし、万一、戦争に発展した場合であってもネオコンの利益につながると考えたのではないだろうか。

この会議のわずか4か月後、ジョージアで紛争が始まり、ロシアが軍事介入してジョージアの一部である南オセチアとアブハジアの独立を一方的に承認した。ジョージアはロシアとの外交を断絶したが、その後、対話路線を復活させており、もはやNATO入りする日は来ないかもしれない。ロシアの軍事介入は目的を達成したといえる。

ブカレストのNATO首脳会談から6年後の14年、ウクライナで親ロシア政権が倒れると、ロシア人が多数を占めるクリミア半島にロシア軍が入り込み、空港や軍事拠点を占拠。住民投票で賛成が多数を占めたとしてロシアはクリミア半島を併合した。次にはロシアと国境を接するウクライナ南東部のドネツク、ルハンスク両州の親ロシア勢力の支援に回り、ウクライナ侵攻が始まるまで内戦が続いた。

ウクライナ戦争を利用する米国と日本

2014年の軍事侵攻に対するウクライナ国民の反発は強く、親ロシア政権が再び誕生する可能性は消えた。19年2月にはウクライナ憲法を改定して「NATO加盟は努力目標」とし、現在のゼレンスキー大統領は加盟を目指すが、米国は汚職根絶などの条件を満たす必要があるとして加盟可能な時期を示していなかった。

その意味では、プーチン大統領が慌ててウクライナに侵攻する必要はなかった。だが、見てきたようにNATO東方拡大の裏に米国がいることを忘れてはならない。

東方拡大を主導した米国は02年、冷戦時のソ連との間で締結した弾道弾迎撃ミサイル制限

（ABM）条約を一方的に破棄した。ロシアなど他国の弾道ミサイルは迎撃し、自国のミサイルでロシアを脅すことを可能にしたのだ。

また19年には、やはり冷戦期のソ連との間で締結した中距離核戦力全廃（INF）条約も破棄。射程500〜5500キロメートルの地上発射式の弾道ミサイルの保有に道を開いた。INF条約の破棄は台頭する中国に対抗する狙いもあるが、軍縮条約を次々に破棄し、核抑止のハードルを都合よく下げてロシアを窮地に追い込んだ。

米国はNATO加盟したルーマニア、ポーランドに地対空迎撃システム「イージス・アショア」を配備し、ロシアの弾道ミサイル無力化を図ると同時にロシアを攻撃ミサイルの射程に収めた。次には迎撃不能とされる「ダーク・イーグル」と呼ばれる長距離極超音速兵器（Long-Range Hypersonic Weapon＝LRHW）の開発を進めている。対中国を意識した最新ミサイルとはいえ、NATOへの配備を放棄したわけではない。

ロシアのウクライナ侵攻の背景には、ソ連崩壊によって没落し、近隣国への影響力を失った間隙を縫って米国主導のNATOによるロシア包囲網が築かれたことへの強烈な不満がある。ロシアの立場に理解を示す中国の存在も後押しになった。

プーチン大統領は21年7月、論文「ロシア人とウクライナ人の歴史的一体性」を発表。歴史的にロシア人とウクライナ人がひとつの民族と主張、「ウクライナの真の主権は、まさにロシアとのパートナー関係の中でこそ可能になる」と訴えた。そのウクライナがゼレンスキー大統

中距離核戦力全廃（ＩＮＦ）条約を破棄して米国が開発した
長距離極超音速兵器「ダーク・イーグル」（米陸軍のホームページより）

領の下でＮＡＴＯに寝返るのは許せない―これがプーチン氏の本音であろう。

　もちろん戦争を正当化する理由にはならないが、ＮＡＴＯの東方拡大とその勢いを利用した米国の態度がプーチン氏を追い込んだのは間違いないだろう。

　プーチン氏には重大な誤算があった。３日から一週間で終わる、そう考えて十分な弾薬、食糧も持たせずに侵攻を命じた。14年にクリミア半島を併合したころのウクライナ軍は確かに弱かった。その後、徴兵制を復活させ、兵力を3倍にしただけでなく、米国から軍事顧問団を招き、最新の戦術を身に付けたウクライナ軍は強い軍隊に生まれ変わっていた。

　大統領就任から20年以上にわたって最高権力者の座にあり、憲法さえ変えて、望めば36

年まで大統領を続けられるプーチン氏。周りは茶坊主ばかりとなり、正しい情報は届かなかったと考えるほかない。

思いがけないほどのウクライナの抵抗ぶりは戦争の性質を変えた。バイデン大統領は侵攻当初、ウクライナ支援の目的を「ロシアを追い出すこと」と述べていたが、侵攻から2か月後、オースティン米国防長官は「ロシアを弱体化させることだ」と説明を変えた。ウクライナに提供した武器の総額は23年8月現在で計430億ドル（約6兆2500億円）にのぼるが、米兵は一人も派遣していない。戦争は《ウクライナ人の命と引き換えにロシアを弱体化させる米国の代理戦争》の様相を帯び、プーチン氏が引くに引けない事情のひとつとなっている。

西側の経済制裁は効果を上げていない。石油、石炭は中国、インドが買い支え、侵攻直後に約4割下落した通貨ルーブルも侵攻前の水準に戻った。泥沼化した消耗戦は終わらないとみなければならない。

もはや起きないと考えられていた大国による侵略戦争は、日本にも大きな衝撃を与えた。政府が警戒すべき国とみている中国、北朝鮮、ロシアは日本の眼と鼻の先にある。

読売新聞がロシアのウクライナ侵攻後の22年4月に実施した世論調査によると、日本の防衛力強化に64％が賛成し、反対の27％を大幅に上回った。敵基地攻撃能力の保有は賛成と反対が46％の同数で並んだ。

毎日新聞が同年5月に行った世論調査では、防衛費の増額に76％が賛成し、増やす必要はないの17％を圧倒。敵基地攻撃能力の保有は読売新聞とは異なり、賛成が66％で反対の22％を大きく上回った。

ウクライナ戦争と北朝鮮によるミサイル試射などが重なり、多くの国民が不安な気持ちを抱いていることがわかる。

政治家の役割のひとつは国民の思いに寄り添い、安心感を与えることである。岸田文雄首相は外交努力によって最善を尽くすとまずいうべきであった。それでも不安だという向きには「日本には世界有数の軍事力を持つ自衛隊がある。日米安保条約もあって世界最強の米軍が日本を守ってくれる。だから安心してください」と言葉を尽くすべきであった。

現実には真逆の態度をとった。国民の不安な気持ちに便乗して、安倍晋三元首相が退任時に言い残した軍事力強化を求める「安倍談話」を実行に移した。国会の議論を抜きにして安全保障関連3文書を改定し、異次元の軍事力強化に走ったのである。

殺傷兵器の輸出解禁

ウクライナ戦争は、日本の武器輸出規制を変えた。

日本は一切の武器を輸出しないという意味の「武器輸出三原則」を掲げていたが、第二次安倍政権は「防衛装備移転三原則」と名称変更して武器の輸出と共同開発を解禁した。ただ、無条件ではない。①日本が締結した条約などに基づく義務に違反する場合、②国連安保理の決議に基づく義務に違反する場合、③紛争当事国への移転となる場合、の3条件の下では輸出できない。運用指針によると、救難、輸送、警戒、監視、掃海の5類型に関する武器に限定され、殺傷力のある武器の輸出は認められていない。

2022年2月24日、ロシアの侵攻が始まり、ウクライナのレズニコフ国防相から対戦車兵器、対空ミサイルシステム、弾薬などさまざま武器の供与を求める英語の親書が岸信夫防衛相に届いた。軍事侵攻が始まった翌日の日付で緊迫した様子がうかがえる。米国など北大西洋条約機構（NATO）が次々、武器供与に踏み切り、日本は出遅れた。

関門になったのは③の規定で、ウクライナが紛争当事国であることだ。政府で検討した結果、運用指針に「国際法違反の侵略を受けているウクライナに対して自衛隊法第116条の3の規定に基づき防衛大臣が譲渡する装備品等に含まれる防衛装備の海外移転」を追加し、武器にあたる防弾チョッキとヘルメットのほか、防寒服、テント、カメラ、衛生資材、非常用糧食、発電機などを提供することを決め、自衛隊機でポーランド経由でウクライナへ送った。

防弾チョッキは政府開発援助（ODA）でインドネシアに供与した過去がある。またヘルメットは類似した民製品があり、どちらも殺傷兵器にはあたらない。むしろその後、追加提供した、武器に該当しないドローンの方がウクライナの戦場で盛んに使われることになり、科学技術の進展が武器と武器に該当しない物との境目をわかりにくくしている。

当初、兵士が一人で持ち運びできる携帯型の対空ミサイルや対戦車ミサイルといった小型の武器を供与していたＮＡＴＯは、戦線が拡大すると地対地ミサイル、装甲車、軍用ヘリコプターと大型の武器を提供するようになり、23年1月、ドイツのショルツ首相がウクライナの要請に応える形で世界14か国で採用されている高性能の国産戦車「レオパルト２」の供与を決断。同盟国の保有分を含め、約１００両がウクライナへ運ばれた。戦車として米国は「Ｍ１エイブラムス」、英国は「チャレンジャー２」を供与し、戦車、装甲車といった重武装の武器類が続々に戦場へ送り込まれた。

ショルツ氏は、すんなり決断したわけではなかった。第二次世界大戦以降、ドイツは安全保障面で欧州の先頭に立つのをためらう一方、欧州最大の経済大国として多くの同盟国から主導的役割を求められた。ウクライナ侵攻をきっかけに軍事力強化に舵を切り、国防費を対ＧＤＰ比２％に増やすことを決定。ウクライナへの軍事支援では米国、英国に次ぐ第３位に位置するが、1月27日に「ホロコースト犠牲者を想起する国際デー」を控えていた。

第一次、第二次世界大戦を通じて、２０００万人を超えるロシア人を殺し、ドイツの人々は今も深い責任を感じている。強い反戦感情と平和主義があり、ショルツ首相の元には毎日、国民から「ドイツが戦争に巻き込まれることを懸念する」という数百通の手紙やメールが届いたという。

また旧共産圏の東ドイツだった東部はロシアに親近感を抱き、ショルツ氏が所属する社会民主党（ＳＰＤ）は伝統的に親ロシアなので党内の意見も割れた。ショルツ氏が掲げたのは、①ウクライナを断固として支援する、②ドイツとＮＡＴＯは戦争に巻き込まれてはならない、③国際社会でドイツは単独行動をしてはならない――の3点である。

戦車を供与することによって戦況が激化し、プーチン大統領をさらなる蛮行に走らせ、核兵器も使いかねないと考えたショルツ氏は米国にも戦車を提供するよう求め、ドイツが戦車を供与する条件とした。

これは核大国である米国が関与することにより、プーチン氏に核使用を断念させ、欧州が安心できる材料になると考えた結果である。地続きのウクライナで続く戦争は容易に欧州全体に飛び火する。そこで防波堤の役割を米国に求めた。

一方、ゼレンスキー大統領の要求は戦車供与にとどまらなかった。戦闘機を供与するよう各国に呼び掛けたが、ショルツ首相は23年1月29日、「（戦車の提供について）我々が決断したばかりなのに、次の議論がドイツ国内で盛り上がっているのは、ただただ軽薄にしか見えない」と述べ、またバイデン米大統領は「ウクライナにＦ16戦闘機を供与するか」という記者の質問に「ノー」と回答した。

供与しないと明言してから4か月後、広島Ｇ7サミットに出席したバイデン氏は一転して、欧州の同盟国がウクライナへのＦ16供与を決めた場合、容認する考えを表明した。「米国の考えが変わったのか」と記者団に聞かれたサリバン補佐官は「何も変わっていない。われわれは緊急性に応じてウクライナに対し武器の供与や訓練を行ってきた」と述べ、戦況の変化に応じたまでだと強調した。

間もなくウクライナ軍が反転攻勢に出るとみられていたが、上空からの援護がなければ、戦車、装甲車などの地上部隊だけで占領地を奪還するのは難しい。実際に6月上旬から反撃に出たウクライナ軍の進むペースは遅い。F16戦闘機に乗る予定のウクライナ兵への訓練は英語教育の必要もあり、戦場での活用は24年から本格化する。

F16の機体そのものの供与はデンマークとオランダが名乗りを挙げた。両国による供与や米国による供与の許可は、NATOの団結を見せつけ、プーチン大統領に「この戦争には勝てない」と思わせる狙いがある。

日本では、防弾チョッキとヘルメットの提供後、政府と与党間で殺傷力のある武器の輸出を可能にするべく防衛装備移転三原則の運用指針の見直しが始まった。G7広島サミットで岸田文雄首相は、来日したゼレンスキー大統領に第2弾として自衛隊の車両100台の供与を表明。自衛隊のトラックなどには小銃を掛けておく「銃架《じゅうか》」が備えつけられている。これがあるために武器扱いとなるが、殺傷能力はなく、すんなり決まった。

だが、次には殺傷兵器を輸出しようというのだ。それもウクライナ支援が本丸ではない。英国、イタリアと共同開発する次期戦闘機や、まだ使えるにもかかわらず米国からF35戦闘機を「爆買い」するため、退役させるF15戦闘機のエンジンの輸出に道を開くことが焦点である。

以前、日本はオーストラリアに「そうりゅう」型潜水艦の輸出を試みた。14年12月、日豪防衛装備品・技術移転協定を発効させ、オーストラリアとの間で武器の共同開発・生産を可能にして本格的な売り込みを開始した。

防衛装備品・技術移転協定とは、日本と相手国との間の共同開発・生産を可能にする法的枠組みで、日本は米国、英国、フランス、ドイツ、イタリア、オーストラリア、インドなどとの間で締結している。「そうりゅう」型の例を見る限り、相手国仕様にするための共同開発・生産であれば自衛隊が現に運用する殺傷力のある兵器であっても輸出できることになる。運用指針の大きな「抜け穴」といえるが、共同開発・生産する能力のない国にとっては完成品を輸入せざるを得ず、やはり運用指針を見直さなければ殺傷力のある武器は本格的に輸出できないことになる。

話を少し戻そう。オーストラリアの潜水艦商戦は、日本、フランス、ドイツ3か国の競合となり、当初は日本が大きくリードしていたが、オーストラリアの政権交代やフランスの巻き返しで完敗。防衛装備移転三原則になって初めての武器輸出は失敗に終わり、その後の輸出はフィリピンへの警戒管制レーダー4台（1億ドル）のみにとどまっている。

日本製の武器が売れないのは理由がある。

例えば、川崎重工業で開発・生産している航空自衛隊のC2輸送機はアラブ首長国連邦（U

AE）が関心を示したが、舗装されていない滑走路での離着陸に疑問符が付き、売却に至らなかった。同社が生産する海上自衛隊のP1哨戒機は国産の4発エンジンの維持管理が障害となり、米ボーイング社の旅客機を改造した米国のP8哨戒機に各国で破れた。新明和工業が開発・生産する海上自衛隊の救難飛行艇「US2」は1機100億円超という高価格に難色を示したインド側が現地生産や技術移転を求め、折り合わないままだ。

自衛隊が使う国産の89式小銃は1丁30万円前後。世界のベストセラーである旧ソ連製のカラシニコフ（AK47）が1丁5万円前後で取り引きされているのと比べ、相当に割高だ。89式を分解すると約100点の部品になるのに対し、AK47は部品をまとめて1個の単体にしているのでわずか8点にとどまる。弾詰まりが起きた場合は小銃を分解しなければならないが、どちらの銃の対処が容易かいうまでもない。

自衛隊が使う国産の武器類は開発段階で輸出を視野に入れておらず、突然、輸出解禁となっても相手のニーズに合わないという致命傷を抱えている。言葉は悪いがガラパゴス化しているのだ。その意味では凋落を続ける国内の製造業全般に共通する問題といえる。

売れないには、売れないなりの理由があることを政治家は理解していない。政府や与党が殺傷兵器の輸出解禁を含めて、運用指針の見直しを急ぐのは、輸出による量産効果によって生産コストを押し下げ、生産力や技術基盤を維持できるメリットがあると考えるからだ。目の前に日英伊で開発中の戦闘機があり、退役させるF15戦闘機のエンジンがある。「売れる商品があるのだから売ればいい」という単純な話だろう。そこには産業界が抱える病弊を治す処方箋は示されておらず、ウクライナへの戦車供与をめぐり、苦悩したドイツの思慮深さに通じる議論の跡も見られない。

武器を売るために「紛争を助長しない」という国のあり方を根本から変えるのは、本末転倒というほかない。防衛装備移転三原則の前文には「平和国家としての歩みを引き続き堅持」と明記されている。今や有名無実。絵空事が書かれた「見せかけの看板」にすぎない。

世界を分断する軍への無償援助OSA

政府はこれまで途上国支援として活用してきた政府開発援助（Official Development Assistance＝ODA）とは別に23年4月5日、政府安全保障能力強化支援（Official Security Assistance＝OSA）を導入した。

「敵基地攻撃能力の保有」を閣議だけで決定したのと同じように国家安全保障会議の9大臣会合を持ち回り形式で開き、実施方針を決定した。外交・安全保障政策の重大な変更にあたり、本来、国会における熟議が必要な案件といえる。開催されていた通常国会では野党からさまざまな指摘や懸念が示されたが、政府が撤回や修正に応じることはなかった。

ODAが経済社会開発を目的とするのに対し、OSAは「同志国」の軍を支援する新たな枠組みと位置づけられ、防衛装備移転三原則の枠内で武器などを無償供与する。

安全保障関連3文書のうちの国家安全保障戦略に「同志国との安全保障上の協力を深化させるために、開発途上国の経済社会開発等を目的としたODAとは別に、同志国の安全保障上の能力・抑止力の向上を目的として、同志国に対して、装備品・物資の提供やインフラの整備等を行う、軍等が裨益者となる新たな協力の枠組みを設ける」とあり、この一文が新設の根拠になった。閣議で決めたことを閣議に出席していた9大臣が追認したのだから自作自演である。

聞き慣れないのは「同志国」という表現だ。同志は、伝統的に社会主義国家などで同胞を指す言葉として使われ、日本の安全保障政策に登場するのは珍しい。外務省は「読んで字のごとく志を同じくする国。どの国が同志国かそうでないかは決めていない。最終的には総合的に判断する」と説明する。提供した武器類の目的外使用や第三国移転をしないよう国際約束を締結するとしているが、実効性が担保できるのか疑わしい。

非軍事支援のはずのODAが軍事利用され、政府が確認できなかった実例があるからだ。

外務省は23年4月16日、ODAでミャンマーに供与した船舶が軍事利用されていたとして、ミャンマー側に抗議と再発防止を申し入れたと発表した。軍事利用されたのは17年と19年に供与した旅客船3隻。21年2月にクーデターを起こして実権を握ったミャンマー国軍が22年9月、このうちの2隻を兵士や武器の輸送に利用したというのだ。

この事実を掘り起こしたのは、国際人権団体「ヒューマン・ライツ・ウオッチ（HRW）」。

HRWはミャンマー当局の文書をもとに百人以上の軍人と物資が移送されていたと地元紙を通じて公表した。日本の外務省がこの事実を認め、発表するまで7か月もかかった。

HRWは旅客船の軍事利用について、ミャンマーの運輸・通信相が「第三者への報告はすべきでない」と指示した機密文書を入手し、公開した。隠蔽の指示があったせいか日本政府は情報収集できず、問題を見逃す結果になった。

ODAで追跡調査できないのだから、OSAでもできないと考えるのが自然だ。途上国の中には軍が実権を握って経済活動を行い、利権を持っている国も多い。実態が判明した場合や政権が代わった場合などに支援を継続するか打ち切るか事実関係の把握が不可欠なはずだが、なし崩しのうちに継続されていることがミャンマーの実例からわかる。

日本のODAで進められている「バゴー橋建設事業」について、HRWは23年1月、事業の一部を受注した日本の企業が22年以降、下請けの国軍系企業に代金を支払っていたと公表した。少なくとも200万ドル（2億9000千万円）に上るという。この国軍系企業は欧米の制裁対象になっており、本来ならODAを打ち切るべき案件だ。

軍への供与に特化したOSAならば、なおさら慎重な対応が求められるのはいうまでもない。政府はOSAの第1弾として23年度予算で20億円を計上し、フィリピン、マレーシア、バングラデシュ、フィジーの4か国の軍などに対し、領海や領空の警戒監視を行うレーダーや衛星通信システムなどを供与することを決めた。

この4か国は「同志国」という位置づけになる。23年4月13日の参院外交防衛委員会で共産党の山添拓氏が「フィリピンとマレーシアは、南シナ海で中国と領土紛争を抱えている。軍事支援は紛争を助長するのではないか」とただしたのに対し、政府委員は「平和国家としての歩みを引き続き堅持するとの観点から支援する」と繰り返すだけでまともに答えなかった。

続いて山添氏は、バングラデシュは中国が戦闘機などを提供した国であり、フィジーは中国が軍民共用の港湾や飛行場に関心を示し、実際に中国企業が埠頭を建設している、これらの国々へのOSAによる支援は「中国との緊張を高めることになりかねない」と指摘した。これに対し、林芳正外務相は「(OSAは)我が国の平和国家としての歩みを引き続き堅持しつつ、同志国の安全保障上のニーズに応えていくことが大前提だ」と建前を述べるにとどまった。

政府のいう「同志国」とは中国と対抗するために米国や日本の側に引き込むべき国ということになる。主導権争いを繰り広げる米国と中国との関係において、米国に付くよう日本政府がエサをぶら下げ、世界を分断する試みといえるだろう。

政府がOSAをスタートさせたのと軌を一にして防衛装備移転三原則の見直しが始まった。殺傷兵器の輸出が可能になれば、OSAにも反映される。政府は平和国家の理念との整合性を図るため「国際紛争との直接の関連が想像しがたい分野」に支援を限定し、目的外使用や第三者移転を防ぐことを相手国に義務付けるというが、渡してしまえば相手次第なのはミャンマーのODAの例で証明された通りだ。

ＯＳＡの実施方針には「我が国の平和国家としての基本理念を維持」とある。「平和国家の基本理念」を守るためには殺傷兵器の供与など最初からするべきではない。武器類を提供した上で「我が国との安全保障協力関係の強化、我が国にとって望ましい安全保障環境の創出」（実施方針）に「同志国」を利用しようというのはご都合主義に過ぎるというものだろう。

「時は金なり」という格言を残した米国建国の父の一人とされる科学者、ベンジャミン・フランクリンはこんな言葉も残している。

「賢い者は、他人の失敗に学ぶ。愚かな者は、自分の失敗にも学ぼうとしない」

愚かな者とはだれなのか、解説するまでもない。

第6章　日本がたどる道

岸田首相の「聞く力」とマイナンバーカード強行の矛盾

首相に就任する際、「特技は『人の話をよく聞く』ということだ」と「聞く力」をアピールした岸田文雄氏。自民党総裁選挙に立候補表明した21年8月の記者会見では「自民党に声が届いていないと国民が感じ、政治の根幹である信頼が崩れている」と述べて、世論に耳を傾ける政治家であることを強調してみせた。

現実はどうだろうか。岸田首相は、安倍晋三元首相が狙撃され、死亡した6日後には国葬を行うことを明らかにした。弔意を表すことに異論はない。ただ、7年8か月に及んだ長期政権を振り返れば、一方的な憲法解釈の変更による安全保障関連法の制定、悪化した北方領土問題、まったく進展しない北朝鮮による拉致問題などに加え、森友問題、加計学園問題、「桜を見る会」といった政治の私物化への批判は止むことがなかった。岸田氏が「ふさわしい葬儀のあり方を皆さんと一緒に考えたい」と国民の声を聞く姿勢をみせる場面は最後までなかった。

国葬をめぐり、事前に報道各社が行った世論調査は「反対」「評価しない」との意見が多数を占める事態になった。実施しても国民の多くから支持されず、残念な結果となる可能性が高かったにもかかわらず、日本武道館での開催に踏み切った。実施後の報道各社の世論調査でも「良くなかった」「評価しない」「実施しない方がよかった」などの意見が肯定的な意見を上

第１回マイナンバー情報総点検本部で発言する岸田首相。隣は河野太郎デジタル相（2023 年 6 月 21 日、首相官邸のホームページより）

回った。

マイナンバーカードをめぐる対応にも「聞く力」は発揮されていない。コンビニ交付サービスでの誤交付やマイナ保険証、公金受取口座の誤登録などのトラブルが絶えないが、岸田氏は24年秋に健康保険証を廃止してマイナンバーカードに一本化する方針を頑なに変えようとしない。

ＮＨＫが23年８月に行った世論調査では、保険証の廃止について「予定どおり廃止すべき」は20％にとどまり、「廃止を延期すべき」が34％、「廃止の方針を撤回すべき」が36％あり、実に７割が規定路線の変更を求めた。

内閣支持率は「支持する」が33％で、７月の調査より５ポイント減ったのに対し、「支持しない」は45％で4ポイント増えた。8月の調査で最も支持率が低かったのは時事通信で26・6％と3割を切っている。政権浮揚を狙い、9月に行った内閣改造後の支持率も軒並み低迷し、毎日新聞は25％と前回を1ポイント下回った。

支持率の低下はマイナンバーカード問題に限らず、首相公邸での忘年会を巡って首相長男の秘書官が辞任した問題や上級国民ぶりを見せつけた自民党女性局のフランス視察問題なども含まれていそうだが、首相が国民の声に耳を傾け、真摯に対応していれば、これほどの不人気にはならなかっただろう。

マイナンバーは、16年に政府がすべての国民に12桁の番号を付与したことで社会保障や税の一元管理を図るという目的は達成したはずである。なのになぜマイナポイントやテレビCMに2兆円超を使ってまで、マイナンバーカードを持たせようとするのか。

筆者は国民の資産情報を把握することが狙いではないか、と疑っている。国債や借入金などを合わせた政府の債務、いわゆる「国の借金」は、23年3月末の時点で1270兆4990億円と7年連続で過去最大を更新し、財政状況は一段と厳しくなっている。

これによく似た状況だったのが敗戦時である。1945年3月時点で、政府債務残高は対国民所得比で約267％に達していた。一方、2022年の政府債務残高は国内総生産（GDP）の約261％と、敗戦当時に近い。

敗戦後の1946年11月、政府は財産税法を制定。次に臨時財産調査令を出して、すべての国民に対し、47年3月3日時点の金融資産を強制的に申告させた。10万円を超える個人資産を累進課税方式（25〜90％）によって財産税として差し出させ、国民の金融資産による財政再建を図ったのである。

話は現代に戻る。政府は保険証の廃止に続いて、25年3月には運転免許証を廃止してマイナンバーカードに一元化する。最終的にマイナンバーカードと国民の金融資産をひもづけすることができれば、いよいよ財政破綻という時に財産税法と同様の手法で国民の金融資産を放出させ、穴埋めすることができる。家計が保有する金融資産は23年6月末時点で2115兆円と過去最高額を記録している。国の借金を全額返済しても余る計算だ。実施のハードルは低くないが、前例があることに留意しなければならない。

政府は23年8月、少額投資非課税制度（NISA）で金融機関に義務付けている利用者の国内居住確認について、マイナンバーカードによる住所照会を軸とすることの検討を始めた。ひもづけるとした税・所得や雇用保険など29項目には含まれない項目である。

「小さく生んで大きく育てる」のが政府の考えなのだろう。そして「社会インフラのIT化」を錦の御旗にしてあらゆる個人情報を掌握する狙いがあるから、最初の一歩である保険証とマイナンバーカードとの一体化でつまずくわけにはいかないのだ。そのためには国民の声など「聞こえないふり」をするほかない。最後は国民の懐を当てにできると考えれば、財源の当てもないのに防衛費と少子化予算を急拡大したのもうなずける。

核兵器禁止条約を否定する日本政府

広島選出の岸田文雄首相はさまざまな国際会議の場で「核なき世界」を訴え、核保有国と非保有国との間の「橋渡し役」になると明言してきた。

その第一歩が23年5月のG7広島サミットだ。首脳らを出迎える公式行事で、初めてG7首脳がそろって平和記念資料館を視察する機会を設けた。首脳らは被爆者の小倉桂子さんと対話し、資料館を出ると慰霊碑に献花して黙祷をささげた。広島市の松井一実市長から原爆ドームについて説明を受けた後、記念の植樹を行った。

ここまではいい。しかし、その後に発表された「核軍縮に関するG7首脳広島ビジョン」は前半にあった被爆の実相への理解と祈りを台無しにした。広島ビジョンは22年1月、米ロ英仏中が出した「核戦争に勝者はなく、核戦争を起こしてはならない」との声明を確認する一方で、「我々の安全保障政策は、核兵器、それが存在する限りにおいて、防衛目的のために役割を果たし、侵略を抑止し、並びに戦争及び威圧を防止すべきとの理解に基づいている」として核兵器による抑止を全面的に肯定した。

日本原水爆被害者団体協議会の木戸季市事務局長は「核抑止論をもって、戦争をあおるような会議になった。いちるの望みを打ち砕かれ、怒りに震えている」と話した。

Ｇ７広島サミットで原爆ドームを背景に演説する岸田首相
（首相官邸のホームページより）

世界の核軍縮条約は、核不拡散（ＮＰＴ）条約と核兵器禁止条約の２つがある。ＮＰＴ条約は米ロ英仏中の５か国以外の核兵器の保有を禁止する条約で、１９７０年３月に発効した。締結国は１９１か国にのぼる。

核保有する５か国には誠実に核軍縮に取り組む義務が課せられているが、守られていない。米国は20年２月、「使える核」として低出力（５キロトン）の潜水艦発射弾道ミサイル（ＳＬＢＭ）を実戦配備した。英国は21年３月、核弾頭を１８０発から２６０発に引き上げると発表、中国が35年には核弾頭４１０発を１５００発に増やすとされ（米国防総省の推計）、ロシアのプーチン大統領がウクライナ侵攻で核使用を度々ちらつかせている。核軍縮どころか核軍拡へ走り、核による脅しまで行っている。

NPT体制に失望した国々や国際NGOが集まり、21年1月に発効したのが将来的な核兵器の全廃へ向けた核兵器禁止条約である。署名国は92か国、締約国は68か国にのぼる（23年9月現在）。ただし、核保有5か国のほか、核保有国の「核の傘」に入る日本や韓国、NATO諸国は加盟していない

機能不全に陥りつつあるNPT体制は、5年に1回の再検討会議が新型コロナによる4回の延期を経て22年8月、米ニューヨークの国連本部で開かれたが、ロシアがウクライナに関する記述に反対し、最終文書を採択できず決裂した。前回15年に続く決裂である。

23年8月にあった26年の再検討会議へ向けた第1回の準備会議は、ロシアやイランの反対により、議長総括を公式文書として残せないまま、閉幕した。NPT体制はもはや破綻しつつある、そう考えさせるのに十分な失態続きといえる。

一方、核兵器禁止条約の第1回締約国会議は22年6月、核兵器を「人類の存亡に深刻な影響を与える」ものと強調する政治宣言と締約国の今後の方針をまとめた50項目の「ウィーン行動計画」を採択した。条約への支持拡大を目指し、「核兵器なき世界」の実現を広く訴えて閉幕した。

参加した83か国のうち、未批准のオブザーバー参加国は34か国に上った。この中には米国の「核の傘」の下に入るノルウェーなどNATO諸国が含まれ、その中でも米国の核兵器を自国の領土に置く「核共有」5か国のうち、ドイツ、オランダ、ベルギーが参加した。

3日間の日程の中でノルウェー代表は「核兵器禁止条約の署名、批准はしない」としつつも「すべての国が建設的に対話することを求める。たとえ、私たちが異なる道を選んだとしても」と対話の重要性を強調。またドイツ代表は「核抑止を含め、NATO加盟国としての立場と一致しない核兵器禁止条約には加盟できない」と自国の立場を鮮明にした上で、「条約の支持派と懐疑派は肩を並べて（核廃絶・軍縮に）取り組むことができると信じている」と未来へ向けた取り組みに期待を込めた。

さて、オブザーバー参加しなかった日本である。政府は外務省ホームページ「核兵器禁止条約と日本政府の考え」の中で、北朝鮮を名指しして「核兵器の使用をほのめかす相手に対しては核兵器を有する米国の抑止力を維持することが必要」とし、「（核兵器禁止条約に）参加すれば、米国による核抑止力の正当性を損ない、国民の生命・財産を危険にさらすことを容認することになりかねない」と米国の「核の傘」にいることを条約に参加しない理由だと説明する。

そのうえで、核保有国や米国の「核の傘」に入る非保有国が加盟していないことについて「核軍縮に取り組む国際社会に分断をもたらしている」と批判。最後に「日本政府としては『橋渡し役』を果たし、現実的かつ実践的な取組を粘り強く進めていく」と宣言して締めくくっている。

内容の是非は別にして、まとまった考えがあるならば、なぜオブザーバー参加して自国の意見を堂々と表明しないのか。発言したノルウェー代表やドイツ代表との違いは、核兵器禁止条約を国内で批判するにとどまり、何の行動も起こしていない点にある。
岸田首相はＮＰＴの再検討会議を本丸ととらえ、実際に会議では核保有国に核戦力の透明化を促す呼び掛けをしたが、会議が最終文書を採択できずに終わったのは先に説明した通りだ。政府は核兵器禁止条約への対応を明らかに間違えた。
核兵器禁止条約の推進役となった核兵器廃絶国際キャンペーン（ＩＣＡＮ）のフィン事務局長は第1回締約国会議の前に「日本が『橋渡し役』になりたいなら、姿を見せ、相手の話に耳を傾ける必要がある」と指摘していたが、結局、日本は欠席して「橋渡し役」としての第一歩を踏み出すことができなかった。
その締約国会議に出席した広島、長崎市長はこういっている。
「一刻も早く核兵器禁止条約の締約国となり、核兵器廃絶に向けた議論の共通基盤の形成に尽力するために、まずは本年11月に開催される第2回締約国会議にオブザーバー参加していただきたい」（8月6日原爆投下の日の平和宣言、松井一實広島市長）
「核兵器廃絶への決意を明確に示すために、核兵器禁止条約の第2回締約国会議にオブザーバー参加し、一日も早く条約に署名・批准してください」（8月9日原爆投下の日の平和宣言、鈴木史朗長崎市長）
23年11月、核兵器禁止条約の第2回締約国会議が米ニューヨークの国連本部で開かれる。オブザーバーとして出席するのか否か、「核なき世界」を目指す岸田首相の本気度が問われる。

「聞く耳」が少しでも残っているならば行動で証明しなければならない。

大丈夫か、隊員が集まらず、定着もしない自衛隊

2023年6月14日、岐阜市の陸上自衛隊射撃場で18歳の自衛官候補生（男）が小銃を乱射し、指導役の隊員3人が死傷した。男は「銃と弾を外に持ち出したかった」と供述していたが、その後、黙秘に転じ、詳細を語っていない。

日本で職業として合法的に銃を所持できるのは自衛官、警官、海上保安官などに限定され、最も強力な武器を持つのが自衛官だ。有事には国民を守るために武器を使うが、事件はその趣旨から大きく逸脱した。なぜ起きたのか、その背景を探ってみたい。

聞き慣れない自衛官候補生とは、陸上自衛隊ならば任期制自衛官（1年9か月）になるための文字通り候補生のことで、3か月間の教育訓練を終えると階級が最も下位の2等陸士に任官する。見習い期間とはいえ、月14万2100円の手当が支払われる。

2010年度から始まった制度で、これより以前の任期制自衛官（2年）は最初から2等陸士に任官した。とはいえ、3か月の教育期間の中身は変わっていない。

筆者は01年、神奈川県横須賀市の武山駐屯地にあった第一教育団（現在は廃止）を取材した。20代後半の2等陸曹が基礎教育係の班長となり、10人の新人隊員と向き合っていた。

新人隊員の入隊動機は「国防に燃えて」という勇ましいものばかりではない。むしろ、国防を持ち出すのは少数派で「安定した職場だから」「体を動かすことが好きなので」といった理由から自衛官を志す若者が目立つ。

入隊時には背中を丸め、ズボンを落として穿いた「今時の若者」が3か月後には背筋を延ばし、視線も力強い別人に変身する。取材に応じた広報担当の1等陸尉は「よく聞かれるんですよ、どんな教育をしているのかと。昨年は高校の先生たちが20回以上、見学に来ました」と話した。

「まず学校と違うのは、班長が新隊員と24時間一緒にいること。衣食住、すべてです。班長の年齢は25歳から30歳ぐらいでちょうど兄貴分。朝は『歯を磨けよ』から始まり、食事時は箸の持ち方を直し、夕方の入浴では『服はたためよ』と話しかける」

まるで子ども扱い。行き過ぎではないのか。「確かにね。最初はみんなうるさいなと思う。だって、将来の夢や家族の話ならまだしも貯金の目標額まで聞くんだから。でも、最後には『こんなに思ってくれる人がいるのか』と感動するようになる。ちょっと大げさだが、日本社会の崩壊を食い止めるぐらいの気持ちで新隊員に向き合っている」

この1尉は班長たちに「骨肉の情愛を持て」と伝えていた。新人隊員が熱を出せば班長が病院へ連れていき、班員に交代でおしぼりを代えるよう指示を出す。班長の熱意が伝わるのか、隊員の生活態度は1週間ほどでがらりと変わる。

両親から第1教育団にこんな手紙が寄せられた。「息子が久しぶりに帰ってきました。『ご飯だよ』と呼びかけると『はい』と返事する。よそ様では当たり前かも知れないが、うちで『はい』という言葉を聞いたことは久しくなかった」

肉親を感動させる指導を続ける班長たち。前出の2等陸曹は「自分も10年前は新隊員でした。その時に受けたやり方を新隊員に伝えているだけ。当時はバブル景気で就職先がいくらでもあった。自衛隊に入りたくて入ったというのは少数派。それでも同期60人のうち残っているのは2人だけです」と打ち明けた。

任期2年で終わる2等陸士とは、そうした「短いおつきあい」を前提にしている。若い力を提供し、任期切れとともに自衛隊を去る。常に若い人たちに支えられ、自衛隊は組織の活力が維持できるという仕組みだ。

組織づくりの理想論にもみえるが、自衛隊を支えてきたのが任期制自衛官であり、3か月と短いながらも真剣に行われる新人教育だろう。小銃事件の男は教育期間の3分の2を終えていた。報道によると、入隊前の面接で外向性、情緒安定性、協調性などを判断する適性検査で「むら気がある」と評価された。入隊後は指導を受けた際に「どうして必要なのか」と聞き返すひと言多い傾向が指摘されたという。

もともと問題のある人物だとすれば、なぜ自衛官候補生になれたのだろう。その根底に自衛官のなり手不足が潜んではいないだろうか。

防衛省は18年10月、自衛官候補生と定年まで勤務できる一般曹候補生を対象に採用上限年齢を26歳から32歳へと一気に6歳引き上げた。深刻なのは自衛官候補生の不足で、17年度末の採用は計画より約2割少ない5055人にとどまった。

防衛省は定員割れを解消しようと毎年20億円以上の予算を募集経費に充て、47都道府県に募集担当者を配置し、高校を回ってリクルート活動を展開している。採用年齢の引き上げは「対象者層を拡大すれば応募者も増える」と見積もった末の苦肉の策である。

慢性的な人員不足の理由として防衛省が挙げるのは、少子化の影響だ。17年度の18歳から26歳までの人口は1100万人で、ピーク時の1994年度と比べて4割も少ない。以前よりずっと小さなパイなのだから人材の取り合いになるのは当たり前かもしれない。

そこで「待遇で勝負」となるが、景気回復による求人増の影響があり、金銭面で自衛隊は民間企業に太刀打ちできない。

例えば高卒者の月給が18年度時点で全国平均16万5100円のところ、自衛官候補生は13万800円にすぎない。2等陸士になっても自衛隊には残業手当の制度そのものがないから、収入は民間企業を下回り続けることになる。

自衛隊に入れば、制服や戦闘服が貸与され、駐屯地で寝起きし、食事も提供される。つまり衣食住はタダだが代わりにさまざまな規則で縛られる。個室で育った若者には10人から20人も詰め込まれる大部屋での共同生活は苦痛でしかない。職業として「魅力に欠ける」と映るから隊員が集まらないのだ。

それればかりではない。離職者も多い。防衛省が財務省財政制度等審議会・歳出改革部会に提出した資料（20年10月26日付）にはこうある。

「自己都合による自衛官の中途退職者は、10年間で約4割増加し、年間約5000人。これは毎年の新規採用者の約3分の1に相当する自衛官が中途退職している」「また、任官後早期（特に4年以内）の退職者が多く、階級別にみれば、曹士クラスが9割超。いわば採用、教育訓練のコストの掛け捨ての状態」

「新規採用の3分の1が中途退職」するようでは慢性的な人員不足に陥るは当然だ。「コストの掛け捨て」と嘆く裏には、若い隊員が集まり、組織を活性化させるという理想からほど遠い自衛隊の現実がみえる。

この年（20年）、防衛省は初めて離職理由を隊員に聞いた。多い順に「就職」「家庭の事情」となっているが、自衛隊の現場をレポートした書籍『絶望の自衛　隊人間破壊の現場から』（三宅勝久著、花伝社）は「この退職理由は信用に値しない」とする、実際に退職した自衛官の声を載せている。

「退職するのは、休みが取れず、残業代もなく、はてしなく過酷な環境で働かされるからです。退職理由にきれいごとしか書かせない。本当の理由を書いたら書き直しさせる。まじめに問題を解決しようとしていない。これでは人は来ない。そのうち組織が自壊するんじゃないかとすら思います」

政府は1990年代、国連平和維持活動（PKO）など自衛隊の海外活動に道を開いた。その後、インド洋やイラクへの派遣、東日本大震災に伴う災害救援などが本格化し、「備える自衛隊」から「機能する自衛隊」に役割を変えた。任務が増えれば訓練も増える。休日返上を余儀なくされる部隊も珍しくない。自衛隊を公共財とみなし、次々に役割を与えてきた政治家は、現場の実情をどこまで知っているだろうか。

進退窮まった防衛省は、隊員集めに住民基本台帳の活用を始めた。行政の合理化、簡素化を目的にした住民基本台帳が自衛官募集に転用されている。防衛省は台帳の中から入隊適齢期に該当する若者に毎年、入隊勧誘の手紙を送付する。

19年2月13日、安倍晋三首相は衆院予算委員会で「6割以上の自治体が協力を拒否している。誠に残念だ」と訴えた。1741自治体のうち、17年度に名簿を提出したのは36％の632自治体。首相の発言はこの数字が根拠だ。しかし、名簿提出と住民基本台帳の閲覧を合計すれば9割が対応をしている。

安倍氏は同じ予算委で「自衛隊を憲法に明記することで空気は大きく変わる」と語った。職場環境の改善はどうあれ、憲法に自衛隊を明記さえすれば、隊員不足は解消するというのだ。徴兵制を含む強力な勧誘策が念頭にあったのかもしれない。

22年にはハラスメントも明るみに出た。陸上自衛隊の部隊でセクハラ被害を受けたと告発した五ノ井里奈さんの事件を受けて、防衛省が公表したパワハラ、セクハラに関する相談件数は、17年度326件、18年度625件、19年度1074件、20年度1468件、21年度2311件と4年で7倍余りも増えている。

なぜ、ハラスメントが急増したのだろうか。軍事秘密を守らなければならない「保秘」を理由にした組織の密室性に一因がありそうだ。密室であるが故に外部にバレなければ何をしても構わないという倫理観の欠如に加え、数で上回っていれば相手をねじ伏せられるという誤った集団主義や力への過剰な信奉がある。

こう書いていて、政治の世界と似ていることに気づく。数にモノいわせて違憲の疑いが強い安全保障関連法を強行採決し、「議論する」というものの国会論議を避けて閣議で決定した「敵基地攻撃能力の保有」など、数と力の信奉者という点で政治と自衛隊の現在地はまるで相似形ではないか。

政治は国民を映す鏡であって、国民のレベルを超えた政治があり得ないのと同様に平均的な国民の集合体が自衛隊であって、わたしたちを映す鏡といえないだろうか。

見てきた通り、自衛隊を目指す若者の減少は、自衛隊という組織の魅力不足に原因があり、離職者の増加は過酷な勤務状況やハラスメント満載の職場環境に嫌気が差した結果だと考えられる。防衛費を倍増して兵器をいくら買い揃えても、肝心の隊員がいなければ何の役にも立たない。防衛費を無駄金にするより前に自衛隊という組織のあり方を根本から見直すことが先決ではないのか。

任官を忌避する防衛大学校の学生、卒業生たち

手元に防衛省の内部資料がある。将来の幹部自衛官を養成する防衛大学校の学生や卒業生の退職状況をまとめたものだ。１９９６年から２０２３年まで28年分が一覧表になっている。

防衛大学校は東京湾を一望できる神奈川県横須賀市の高台にある。卒業後、幹部候補生学校を経て、幹部の３尉に任命される。昇進は早く、大半の卒業生は30代で佐官となり、早ければ40代後半で将官に抜擢される。

内部資料は、そのエリート養成校で異変が起きたことを示している。２００３年から7年連続して超特急の出世街道から自らの意志で外れていく学生や卒業生が続出したのである。

防衛省は在校中と卒業後の早期退職状況をまとめており、入校者数（A）、退校者数（B）、卒業者数（C）、任官辞退者数（D）、早期退職者数（E、幹部候補生学校非入校者および同校入校後、8月末までの退校者）ごとに集計する。

重視しているのは入校しながら、防大や自衛隊に定着しなかった学生の人数にあたり、B＋D＋Eの合計をF（退職者数という）として入校者数のAで割り、その数値を一覧表にしている。このデータをみると、入校者に対する退職者数の28年間の平均は25％ちょうど。４人に１人が

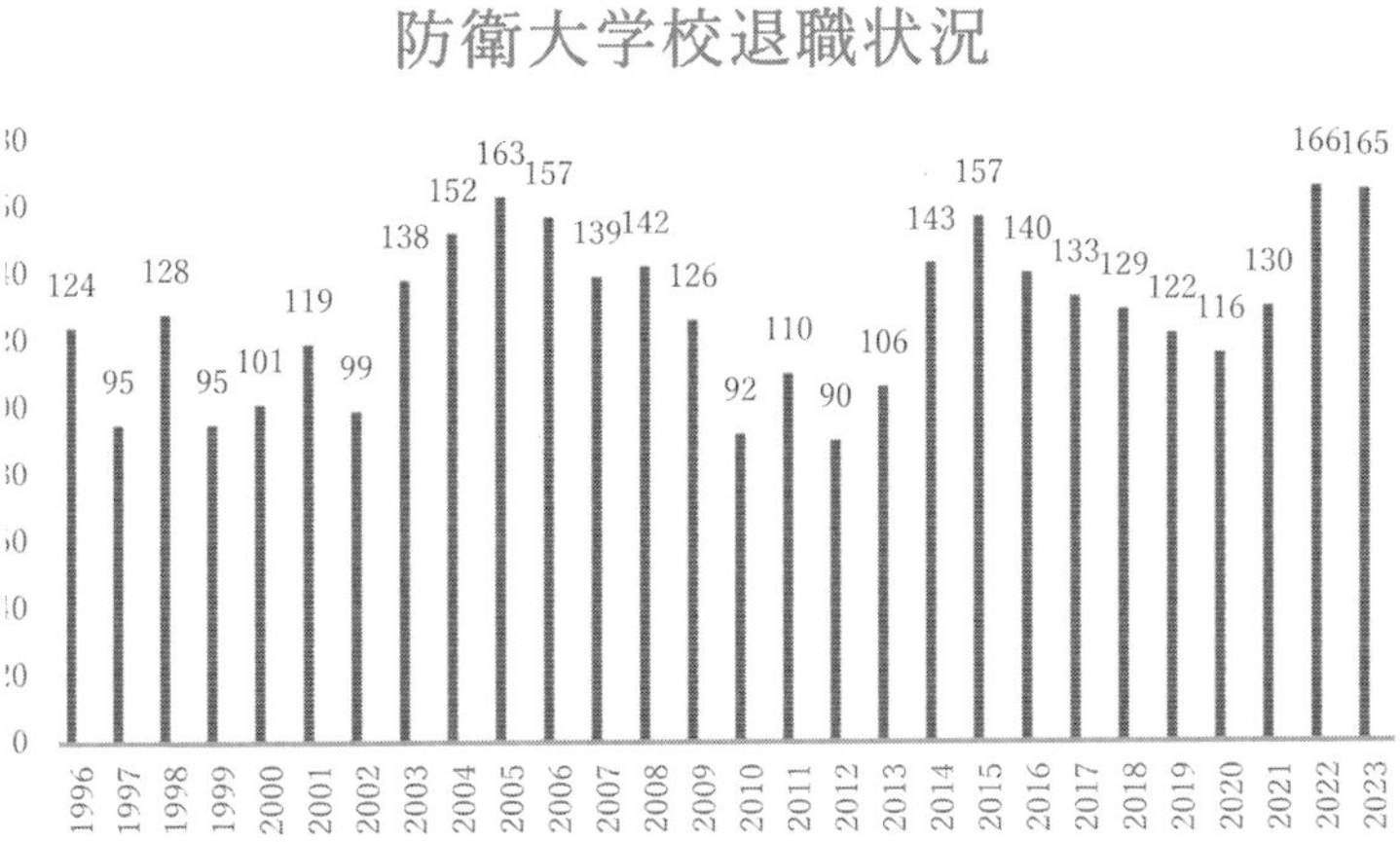

防衛大学卒の自衛官の退職者数、退校者数、任官辞退者数の合計
（防衛省資料より筆者作成）

防大や自衛隊を去ったことになる。

入校者数は年度によって増減し、４２０人から５７０人ほど。うち女性が30人から70人と１割前後を占める。退職者数は年１００～１２０人前後で推移する。

問題の03年と同年以降をみると、前年02年の退職者数は99人だったのに対し、03年は１３９人に急増。04年はさらに増えて１５２人、05年１６３人、06年１５７人、07年１３９人、08年１４２人、09年１２６人だった。05年の退職者割合は28年間で最高の38・４%。５人に２人が辞めた計算だ。女性で最も高かったのは03年の57・５%で、卒業した30人のうち、実に24人が任官を辞退し、退職者割合を押し上げた。

03年から退職者数が急増し、高止まりした理由は容易に推測できる。イラクへの戦地派遣である。陸上自衛隊のイラク派遣は04年１月から２年半続いた。当時の小泉純一郎首相が「非戦闘地域」への派遣を約束したにもかかわらず、自衛隊宿営地は13回22発のロケット弾攻撃にさらされた。また航空自衛隊は武装した米兵を空輸し、イラクの首都バクダッド上空に来ると携帯ミサイルに狙われたことを示す警報音が機内に鳴り響き、アクロバットのような飛行を余儀なくされた。米兵空輸は08年12月まで続いた。

空自撤収後の09年8月イラク特措法の失効により、自衛隊がイラクへ派遣されることはなくなった。すると、どうだろう。10年の退職者数は92人とイラク戦争が始まる前の02年の水準に戻ったのである。

幹部自衛官は、己の生命を危険にさらすにとどまらず、部下に危険な任務を命じることがある。イラク特措法が制定され、過酷な任務を伴うようになって自衛隊に嫌気が差し、高い退職者数となったと考えられる。

次の異変は14年から16年までである。14年の退職者数は１４３人と前年13年の１０６人から増え、15年１５７人、16年１４１人となった。

14年は政府がこれまで違憲との見解を示してきた集団的自衛権行使について、安倍晋三政権が条件付きで合憲と閣議決定し、海外における武力行使を解禁した年だ。15年9月には前年の閣議決定を法律に落とし込んだ安全保障関連法が制定され、16年3月から施行された。

イラク特措法は期限が来れば消滅したのに対し、安全保障関連法は恒久法である。危険な任務と常に向き合うのだから、くすぶり続ける「自衛隊忌避」の流れをとめるのは難しい。

そして遂に過去最悪の退職者増を迎える。22年岸田文雄政権は「専守防衛」の否定につながる「敵基地攻撃能力の保有」を閣議決定した。すると退職者は過去最多の166人となり、うち任官辞退者は72人と過去2番目を記録。この傾向は23年も続き、すでに165人（6月21日現在）が退校・退職した。退職者割合も22年は31・3％、23年は32％と高く、3人のうち1人は自衛隊から消えたことがわかる。

憲法解釈を一方的に変更し、「守る自衛隊」から「戦う自衛隊」に変えたのは政治である。台湾をめぐる米中の対立が懸念される中、「巻き込まれ」を意味しかねない他国への攻撃も解禁した。防衛大学校の学生たちが自衛隊に定着する日はさらに遠のいたといえるだろう。

内部告発された防衛大学校

2023年6月、防衛大学校国際関係学科の等松春夫教授は、学内の教育に関する問題点を指摘する論考「危機に瀕する防衛大学校の教育」をネット上に公開した。

防大や防衛省のコロナ対策を批判してきた等松氏は20年7月、学内の密室で防大側から「公益通報によって取り調べる」「メディアに（防大の機密を）漏洩した疑いがある」と脅され、処分される可能性が出てきたと感じた。訴えの正当性を明らかにするため「危機に瀕する防衛大学校」を公表することにしたという。

論考の中で等松氏は22年4月に入学した488人の学生のうち、2割にあたる100人近い学生が1年以内に退校したことを明らかにし、「優秀で使命感の強い学生ほど教育の現状に失望して辞めていく傾向が強い」と指摘した。

その原因は防衛大学校の教官側に問題があるという。防大には一般大同様の文官と防大ならではの自衛官という二系統の教官がいる。論考によると、防衛省は自衛官教官として「病人・けが人・咎人」を送り込んでくる。防大の看板「防衛学教育学群」の約40人の教官のうち、30人が防衛省内のローテーション人事だ。「咎人」とは自衛隊でパワハラや服務違反を起こしたり、職務上のミスを多く犯したりした者。防大が「手軽な左遷先」になっている、という。

等松氏は「教授や准教授といった立場で防大に補職されても勉強も研究もせず、代々引き継がれているマニュアル本で紋切り型の教え方しかせず、さらには安直な陰謀論に染まることもある。怪しい右翼系論客が教室で、政治的に偏向した低レベルの『講演』を学生たちに行い、彼らを招聘した『咎人』自衛官教官は良いことをしたと考え、怪しい論客は『防衛大学校で講演した』ことで自分に箔を付ける。そうした行為がまかり通っているのです」と語り、まともな教育機関とは思えない授業の実態を明かす。

学生は寮での共同生活を求められる。1年生から4年生まで各学年2人の8人部屋で、米国や韓国の軍教育機関と比べても一番人数が多い。等松氏は「個人倫理よりも『集団の論理』が優先される環境で、悪質な上級生が『指導』をすると、下級生は悪に染まり、学生舎は、いじめ、賭博、保険金詐取など、諸悪の温床となります。このような環境下では、上級生からの理不尽な『指導』を受けた下級生は防大・自衛隊という組織に幻滅して退校するか、面従腹背するか、あるいは報復が恐ろしいので上級生の指導に無条件で服従するようになります」と病弊を指摘する。

確かに防大では12年に部活や訓練で負傷したと偽り、保険金をだまし取った保険金詐欺事件が明るみに出て、任官していた卒業生5人以上が懲戒免職、13人以上の学生が退校処分となった。また19年には防大の准教授だった海上自衛隊の3佐が妻の経営するペンションに学生たちが泊まったと偽り、防大から8000円の補助金を搾取する補助金搾取事件が発生。3佐は学生に6000円を学生に支払い、200人以上の学生が関与していたが、いずれも3佐に騙されていたとして一人も処分されなかった。

論考によると、新型コロナが蔓延した20年春、防大は壊滅的な状況に陥った。防大執行部は春期休暇で帰省していた約1500人の在校生を3月28日までに召集。4月1日から約500人の新入生を加えて、1部屋に8人を基本とする集団生活を開始した。密を避けるよう日本中が注意していた時に防大では密を積極的につくり出したことになる。

等松氏は「この状況下で、首吊りや飛び降りを含む5件の自殺未遂、多数の脱柵（脱走）、ストレスによる放火を疑われる不審火、そして新入生をカモにして数十万円もの金銭が動いた大規模な賭博事件（退校1名、停学3名、訓戒9名、注意4名）まで起きました。この間まともな授業もできず、防大は2か月近く麻痺状態でした」と振り返っている（等松氏の言葉は、いずれも集英社オンラインより）。

等松氏の内部告発に対し、防衛大学校の久保文明校長は同校のサイトに掲載した所感の中で強く反論している。

まず等松氏の論考は、事前に本人から草稿をもらい、事実と異なる点を指摘したものの、防衛省と相談してそのまま公表することになった経緯を説明。「（防大には）改善の余地はおおいにあるとしても、『危機に瀕する』という表現には違和感を禁じえない」「この論考は本校の名誉を大いに傷つけた」と批判する。

久保氏はアメリカ政治の著名な研究者で東大教授を経て、21年4月から防大校長に就任した。等松氏へ反論する中で「ここ1~2年は、深刻なコロナ禍の真っただ中にありながらも、さまざまな試みが一定程度成果を生み始めた時期といえる」とし、等松氏の論考について「すでに実施されている多数の新しい試みに目を塞ぎ、古い事例でもって本校の現在を一方的・一面的に規定しようとしている点で大筋で的外れ」と指摘した。

現在の防大の姿が等松氏の指摘通りなのか、久保氏の主張するように改善が進んでいるのか、それを確認するには前項で取り上げた防衛省がまとめる退職状況を数年にわたって注視する必要がある。

もっとも退校者は減ったとしても任官を辞退したり、自衛隊を早期退職したりするのは安全保障政策の変化と密接に関係しているので学内の改善で対応できる性質ではない。防大は幹部自衛官のエリート養成校であるがゆえに、最も敏感に政治の変化に反応するリトマス試験紙のようなものだ。防衛省は防大生の現状や卒業生の進路および退職状況をまとめた一覧表を毎年、公開するべきではないだろうか。

米中対立をどう着地させるか

第二次安倍政権以降に制定された戦争四法（特定秘密保護法、安全保障関連法、「共謀罪」法、土地取引規制法）は、「平和国家」の看板をかなぐり捨て、参戦のハードルを限りなく下げる役割を果たすことになった。

安全保障関連法は、海外における武力行使を意味する集団的自衛権行使を条件付きで解禁した。「米国の戦争」に米軍とともに突き進もうとする時、その推進役になるのが政府の定めた特定秘密を漏らせば厳罰に処せられる特定秘密保護法であり、市民監視を可能にした「共謀罪」法、土地取引規制法である。

戦争への一本道の扉は開かれた。本格参戦に命を吹き込んだのが「敵基地攻撃能力の保有」「防衛費の対GDP比2％」の閣議決定である。「専守防衛」から逸脱し、国産、外国製を問わず長射程のミサイル類を大量購入して攻撃能力を持てば、自衛隊は「米軍の二軍」として米国の負担を軽減し、米国の戦略を支えることができる。太平洋戦争の敗戦後、戦勝国の米国が長い時間をかけて日本の政治家や経済界をなだめ、脅して、飼い馴らして来た総仕上げの姿がわたしたちの目の前に広がっている。

やっかいなのは「強い日本を取り戻したい」という近代日本が一度もなし遂げたことのない「強い日本」の妄想に取りつかれた保守系政治家の思い込みと刷り込まれた対米支援が絡み合い、支離滅裂な安全保障政策となって「自衛隊の弱体化」を招いていることだ。

護衛艦「いずも」型の空母化は本来、担うべき対潜水艦戦への専従を困難にし、巡航ミサイル「トマホーク」を搭載するイージス護衛艦は求められる艦隊防空に大穴を空ける。戦闘機に長射程ミサイルを積んで攻撃機に変えれば、日本列島の防空網に隙間が生じる。南西諸島への攻撃ミサイル配備が実現すれば、防御ミサイルで固めた離島防衛の目的を損ね、相手国からの攻撃を呼び込んで住民の命を危険にさらす。

自衛隊が70年の時間と予算と人材を投資して構築した強固な防御力と引き換えにするのは攻撃力という名の不毛な特攻作戦である。

日本国憲法に基づく「専守防衛」とは、海外で武力行使をしないことはもちろん、例え自国が侵略された場合であっても必要最小限度の武力しか行使しないことをいう。自衛隊による戦闘行動は日本の領域と隣接する公海、公空に限られ、他国に脅威を与えるような戦力は持てない。その「専守防衛」の原点に立ち返らなければならない。

冷戦に一人勝ちした米国と、これに対抗すべく多極的世界を目指し、最終的には米国に代わる覇権国家となることを画策しているかにみえる新興国、中国。世界第1位と第2位の軍事大国、経済大国による相互の敵視政策は、日本に隣接する台湾をめぐり、熱戦に変わる危険性をはらんでいる。

「敵基地攻撃能力を持てば、日本は安全になる」。こんな説明をする岸田首相は軍事力を心から信じているのか。実は思考停止していて、米国に広がる対中強硬論に便乗しようとする親米教の信者ではないのか。

ベトナム戦争、イラク戦争を挙げるまでもなく、米国は何度も国策を間違えてきた。大統領選挙を控え、ますます内向きになるから、安全保障政策が思慮深く、抑制的に変化する機会は訪れないだろう。ウクライナ戦争を止めることができる有力な国は米国であるにもかかわらず、仲介どころか便乗してロシアの弱体化を狙う。

必要以上に台湾に接近し、中華人民共和国（中国）が建国以来、目標に掲げる台湾統一が遠のいたと考えれば、「偉大な中華民族の復興」を掲げる習近平国家主席に武力侵攻の口実を与える。現に米国のペロシ下院議長の台湾訪問をきっかけにして中国の軍事的攻勢は日常化した。

その中国を牽制するための南西諸島の要塞化や敵基地攻撃能力の保有は、政府の狙い通り抑止力として機能するとは限らない。抑止とは軍事力の比較において相手国より強力でなければならないが、例え劣勢であっても武力に訴える意思さえあれば、簡単に破られる代物であることは無謀な戦争に突き進んだ過去の日本が証明している。

「民主主義対権威主義」とレッテル張りをするバイデン米大統領に追従して米国とともに中国に対抗すれば、平和と安定が約束されるのか。殺傷兵器の輸出を解禁し、日本とともに米国側に付く国を同志国という呼び、その国の軍隊に無償で武器を供与する枠組みをつくることが平和と安定への近道であるはずがない。米vs中ロの対立を冷やかな眼で見ているグローバル・サウスの国々を陣営に引き込み、世界の分断を加速させることが最善であるはずがない。

大国でも小国でもない日本はその中間に立つミドルパワーの国として存在感を発揮すべきである。親米路線を維持しつつも、永続化しつつある対米追従から目を覚まさなければならない。米国が進める対中敵視政策に丸乗りするのは、壊滅的被害を呼び込むのに等しい愚策とわきまえるべきだ。

最大の貿易相手である中国との対立は自らを兵糧攻めにするに等しい。燃料や原材料を輸入に頼り、食糧自給率が38％にすぎない日本への輸送ルートが脅かされる事態を招いてはならない。

米国と中国、それぞれの国益を100％満足させるのは難しい。台湾の独立を認めず、中国による一方的な併合も容認しない。米国は必要以上に台湾に接近せず、中国をこれ以上刺激しない。こうした妥協点を探る外交努力こそ、今の日本に求められる。

例えば、米国に対し、日本の基地を戦闘作戦行動に使うことは認めないかも知れないとささやく一方で、中国に対しては米国に日本の基地の自由使用を認めるかも知れないと伝える。矛盾していようが両大国の足を止める方策であるなら仕方ない。日本の国益および世界の安全を最大化することを目指し、米中衝突の危機を回避する方法について知恵を絞らなければならない。

力不足であるならば、在韓米軍を抱え、台湾有事になれば日本と同じ状況に陥る韓国とともに策を練る必要があるだろう。

北大西洋条約機構（NATO）が東京に連絡事務所の開設を検討しているのは、台湾情勢をめぐる情報収集が目的とみられる。米中の衝突は、欧州も対岸の火事と座視できない世界の一大事だからである。ならば、英国や欧州連合（EU）諸国、それに米中との関係が深い東南アジア諸国連合（ASEAN）諸国を巻き込んで、米中両国に自制を求める機会をできるだけ多くつくるしかない。

中国、台湾の双方が参加を希望する環太平洋パートナーシップ協定（TPP）への同時加盟を検討するのも一計ではないか。加盟協議を通じて国有企業や知的財産権の問題を抱える中国に改革を促し、対話のチャンネルを増やすことにつながる。台湾は加盟条件を満たしてはいるものの、東南アジアのTPP加盟国の中には、中国に先行して加盟を容認することへの警戒感がある。

中台の同時加盟を実現し、さらに米国に復帰を促して、経済連携協定のＴＰＰを通じて相互理解を深めるべきである。

また日本は中国主導のアジアインフラ投資銀行（ＡＩＩＢ）への参加を検討すべきだ。日本では否定的に捉えられているが、もともとＡＩＩＢは日本と米国が主導するアジア開発銀行（ＡＤＢ）では賄いきれない資金ニーズを補完することを目的として、中国が設立を提唱した。その経緯からＡＤＢや世界銀行のプロジェクトに相乗りする協調融資も目立つ。

１０６の国や地域が加盟し、韓国やインド、英国やＥＵ諸国、ＡＳＥＡＮ諸国も加盟している。Ｇ７の中で未加盟は日本と米国だけである。日本が長年、ＡＤＢの運営を通じて培ってきた専門知識を活用すれば、地域経済にとっての貢献度は大きい。ここでも中国との対話が生まれるだろう。

一方、軍事面をみると、中国と協調するのは容易ではない。南シナ海に管轄権があると主張し、環礁を埋め立てて軍事基地化を進め、巨大経済圏構想「一帯一路」を掲げて途上国に投資し、無茶な返済を求めて港湾を物納させる「債務の罠」を仕掛けている。

「力による現状変更の試み」を進める中国に対抗し、米国と英国は南シナ海に艦艇を派遣する「航行の自由作戦」を展開。日本は「インド太平洋派遣方面派遣」と称して、南シナ海やインド洋に護衛艦３隻からなる艦隊をひんぱんに送り込み、米英やオーストラリアとの共同訓練を繰り返す。

軍事面で米中が相互理解を深めて信頼を醸成し、近い将来、共存共栄を図る日が来ると期待するのは楽観的に過ぎる。力と力で角突き合わせるのでなく、外交という「話し合い」を追求しなければならない。米国が中国と激しく対立しながら各級の対話を維持しているのは、権力の集中する習氏とその側近との意思疎通を抜きにリスク管理はできないと考えているからだ。日本も同様のはずである。首相、外相、防衛相らが中国のカウンターパートと話し合う機会を可及的速やかに増やす努力が欠かせない。その際、柔軟性に富む経済面から融和を図るのが適切である。それがＴＰＰやＡＩＩＢであり、ミドルパワーの日本がリーダーシップをとれる数少ない分野なのだ。

「中国が台湾に武力侵攻することはない」「米国が台湾有事に参戦することはない」「台湾が現状維持を続ける限り、米中の戦争は起きようがない」

さまざまな推論はそれぞれが抱く希望的観測であって、最悪の事態を想定して対処すべき外交や安全保障政策の「解」ではない。対中政策として「自由で開かれたインド太平洋」のスローガンのもと、日米豪印４か国枠組みの「ＱＵＡＤ（クアッド）」がある。米英豪の安全保障枠組み「ＡＵＫＵＳ（オーカス）」もつくられた。

一方、中国はロシアが呼び掛けた「上海協力機構」の構成国であり、そこにはクアッド・メンバーのインドも含まれる。ブラジル、ロシア、インド、中国、南アフリカが加盟する「ＢＲＩＣＳ（ブリックス）」は中東、南米の国々を包摂して拡大しつつある。

西側陣営の中心にいるのは米国であり、もう一方の同心円には中国がいる。両国の立ち位置は冷戦初期の米国とソ連に似ている。米ソは核戦争に発展しかねなかったキューバ危機を経て、核軍縮へと向かった。未曾有の危機から学習したのである。当時の状況に近いのが台湾情勢ではないだろうか。高まる危機を乗り越え、世界は再び、軍縮へと向かうことができるだろうか。両国の橋渡し役となり、融和の道を探ることこそ「平和国家」の看板を掲げる日本に求められる役割である。

現実はどうだろう。その覚悟もないのに「戦う覚悟だ」と軽々しく口にしたり、同調したりする政治家に日本の舵取りを任せてよいはずがない。与党、野党を問わず、「真の覚悟」をもって人々の安全安心を第一に考える政治家が水先案内人でならなければならない。わたしたち一人ひとりは、本物とニセモノを見極める見識と「王様は裸だ」と告発する勇気を持つ必要がある。

ここまで来てしまった。これ以上の対米従属や軍事力への依存は取り返しのつかない未来を呼び込むことになる。遠回りのようで実は最短の道である「話し合い」から始めたい。一致点を探る努力が今ほど求められている時はない。世界を「新しい戦前」にしてはならない。

おわりに

第1章に登場するルポのため与那国島を訪れたのは6年ぶりだった。前回は陸上自衛隊与那国駐屯地が開設されて1年が経過し、報道陣に内部を公開するのに合わせて訪問した。清潔な隊舎には大浴場があり、大きな窓が開かれている。高台にあるので太平洋が一望できる。「ホテルならば一等地だな」と思った。開設後も工事は続いていて「自衛隊」を急いで既成事実化したかった政府の思惑をあらためて感じた。

駐屯地のシンボルマークは16世紀ごろ、琉球王国の軍隊を撃退した地元の女性酋長「イソバ」が弓を引くシルエットだ。3か所ある集落のすべてに家族寮を置き、子どもたちは集落の学校へ通う。駐屯地司令は「駐屯地夏祭りに600人の島民がやってきた」と地元との融和ぶりを説明した。

今回の訪問でも自衛隊関連の工事は続いていた。駐屯地の部隊は次々に増え、建設工事や土木工事が終わることはない。独身の隊員は原則、駐屯地に居住するが、例外的にアパートで生活する隊員もいる。3万円以下だった部屋の借料が今は7万円もする。家賃を払えない住民は島を出るほかない。融和との言葉とは裏腹の事態も進行していた。

外出時に鍵をかけない人もいるほど治安はいいが、島を巡回する自衛隊の高機動車と何度もすれ違った。空港や漁港、売店などあちこちに迷彩服姿の隊員と青い作業服の男たちがいた。風景は明らかに変わった。

最初に島を訪れたのは１９９７年だ。東京・中日新聞の連載「にじむ国境線　かつて戦争があった」で台湾に近い沖縄県を取材するためだった。沖縄本島、石垣島と回り、最後に与那国島へ足を伸ばした。

眼と鼻の先にありながら国境線が引かれていることで台湾との往来が制限され、与那国が発展する道が閉ざされていると当時の町長は嘆いた。次の町長、そして次の次の町長も台湾との交流を通じた「島おこし」を試みたが、政府に門前払いされて力尽き、自衛隊誘致に切り換えて今がある。

国と地方が対等というのは法律上だけの話である。主要な許認可権限はすべて国の側にある。地方を殺すのに道具はいらない。政府が「ＮＯ」といえばよいのだ。地元の意向はどうあれ、政府の都合を主張すればよいのだ。それが誤りであっても決して認めないのは「国は間違わない」、つまり無謬であるとの前提に立っているからだ。

無謬だろうか。先の大戦を持ち出すまでもなく、福島第一原発の過酷事故をみれば原発を推進してきた国策の誤りを指摘することができる。恐ろしいことにあれほどの事態を経験してもなお、国は再稼働を推進し、新増設まで打ち出している。

安全保障政策は安倍政治を継承し、さらに攻撃力の保有という安倍氏が到達できなかった分野にまで踏み込み、憲法第9条の空文化を加速させている。

人は誰でも間違いを犯す。政治家も例外ではない。ただ彼らは「数と力」の信奉者なので、少数の正論を無視する。いや、相手が多数であってもその声など聞くに値しない、といわんばかりに力で押し通す。多くの国民の声が反映されていれば、安全保障関連法は成立するはずがなく、マイナンバーカードを持つよう強要されることもないはずである。

「聞く力」を自慢しながら実際には「聞く耳を持たない」のは、争いと共感が入り交じった現実社会を知らない世襲政治家であることと無縁ではない。自民党の衆院議員は4人に1人が世襲。ここ20年で首相を務めた自民党の衆院議員のうち世襲でないのは菅義偉氏だけで、現在の岸田文雄氏を含む5人が世襲である。

世襲議員は「地盤（支持者のいる選挙区）、看板（知名度）、鞄（カネ）」のすべてを併せ持ち、若くして当選するから政権与党内で早く出世し、閣僚ポストや党の要職に就く。見識や能力など二の次である。そして永田町の論理である「数と力」の信奉者となって憲法や過去の政府見解さえ無視するようになる。独裁国家とどこが違うのか。

わたしたちは闘わなくてはならない。何が正しくて、何が間違いなのかを見極め、声を上げなければならない。自分や愛する人のために、次の日本を支える子どもたちのために――。

最後はのんびりした言葉で締めようと考えていたが、呼び掛けとなった。安全保障政策を自衛隊や米軍の現場から見つめて30年余、それほど緊迫した事態なのだと理解してもらえれば、幸いである。

2023年9月22日

筆者

参考文献

『2022年版　防衛白書』『2023年版　防衛白書』防衛省
『この国を守る決意』安倍晋三・岡崎久彦、扶桑社
『防衛省に告ぐ　元自衛隊現場トップが明かす防衛行政の失態』香田洋二、中公新書ラクレ
『安倍晋三　回顧録』安倍晋三ほか3人、中央公論新社
『絶望の自衛隊　人間破壊の現場から』三宅勝久、花伝社
『日本は戦争をするのか　集団的自衛権と自衛隊』半田滋、岩波新書
『安保法制下で進む！先制攻撃できる自衛隊　新防衛大綱・中期防がもたらすもの』半田滋、あけび書房
『変貌する日本の安全保障』半田滋、弓立社
『台湾有事で踏み越える専守防衛防衛　敵基地攻撃と日米一体化』半田滋、立憲フォーラム

半田滋（はんだ・しげる）

1955年栃木県宇都宮市生まれ。防衛ジャーナリスト。

元東京新聞論説兼編集委員。獨協大学非常勤講師。法政大学兼任講師。海上保安庁政策アドバイザー。下野新聞社を経て、91年中日新聞社入社、東京新聞編集局社会部記者を経て、2007年8月より編集委員。11年1月より論説委員兼務。

1993年防衛庁防衛研究所特別課程修了。92年より防衛庁取材を担当し、米国、ロシア、韓国、カンボジア、イラクなど海外取材の経験豊富。防衛政策や自衛隊、米軍の活動について、新聞や月刊誌に論考を多数発表している。

2004年、中国が東シナ海の日中中間線付近に建設を開始した春暁ガス田群をスクープした。07年、東京新聞・中日新聞連載の「新防人考」で第13回平和・協同ジャーナリスト基金賞（大賞）を受賞。

著書に、『戦争と平和の船、ナッチャン』（講談社）、『変貌する日本の安全保障』（弓立社）、『安保法制下で進む！先制攻撃できる自衛隊　新防衛大綱・中期防がもたらすもの』（あけび書房）、『検証　自衛隊・南スーダンPKO　融解するシビリアン・コントロール』（岩波書店）、『「北朝鮮の脅威」のカラクリ』（岩波ブックレット）、『零戦パイロットからの遺言　原田要が空から見た戦争』（講談社）、『日本は戦争をするのか　集団的自衛権と自衛隊』（岩波新書）、『僕たちの国の自衛隊に21の質問』（講談社）、『集団的自衛権のトリックと安倍改憲』（高文研）、『改憲と国防』（共著、旬報社）、『防衛融解　指針なき日本の安全保障』（旬報社）、『「戦地」派遣　変わる自衛隊』（岩波新書）＝09年度日本ジャーナリスト会議JCJ）賞受賞、『自衛隊ｖｓ北朝鮮』（新潮新書）、『闘えない軍隊』（講談社＋α新書）、など。

台湾侵攻に巻き込まれる日本
安倍政治の「継承者」、岸田首相による敵基地攻撃・防衛費倍増の真実

2023年10月21日　初版1刷発行 ©
著　者— 半田 滋
発行者— 岡林信一
発行所— あけび書房株式会社
〒167-0054　東京都杉並区松庵3-39-13-103
☎ 03. 5888. 4142　FAX 03. 5888. 4448
info@akebishobo.com　https://akebishobo.com

印刷・製本／モリモト印刷
ISBN978-4-87154-240-1　c3031